房屋征收与征地补偿
看图一点通

荣丽双 著

中国法制出版社
CHINA LEGAL PUBLISHING HOUSE

致亲爱的读者

人的一生，不可避免地会遇到很多法律问题。衣食住行、婚姻继承、劳动就业……各个领域都蕴含着无尽的法律问题。但现实生活中，不少公民却法律意识淡薄，对一些关乎自身利益的法律知识一无所知或者一知半解。不懂法的结果就是：吃亏了都不知道怎么回事，被告上法庭还不知道自己错在哪儿，受了窝囊气却不知道如何维护权益，让公司辞退了不知道怎样据理力争……

学习法律，是一件利人利己的事。随着2020年我国《民法典》的出台，全国上下掀起了一股学习法律的高潮，让法律服务生活、让法律规范秩序、让法律服务你我成为大众看待法律的新视角。越来越多的人愿意关注法律、依法办事和维权。

在此，为了帮助读者知法、懂法，进而更好地守法、用法，依法办事和维权，我们编写了"看图一点通"系列，本系列丛书的主要特色如下：

一、兼具全面性与时代性

丛书以读者的生活、工作、学习为出发点，设置了若干分册，基本覆盖了各领域的法律知识点，极具全面性；并且，丛书围绕如《民法典》《土地管理法》等新颁布或修正的法律，结合当前社会生活实际，提炼了大量"热点问题"，具有很强的现实意义，相信一定能给读者以代入感，从而激发读者学法的积极性。

二、大众能够看得懂

百姓不懂法，很大程度上是由于法律条文和法律图书枯燥难懂。本丛书尽力避免法律图书严谨有余而通俗不足的通病，将原本枯燥难懂的法律知识用短小、简单的案例表现出来。案情介绍简洁流畅，法律讲堂切中要害，对法律知识的解说深入浅出，避免使用艰深的法律术语，行文通俗，贴近百姓生活。同时，本丛书配有一些辅助理解的场景插画，能让读者朋友们轻轻松松读懂法律。

三、读者一定能用得上

丛书的每一个分册都涵盖了与该领域相关的重要、常用的法律知识，选取的多是典型的真实案例。而法律讲堂部分给出的结论一般是法院通行的判决结果，并附有对应的法律条文依据。读者可以从中查询更多、收获更多。

四、方便阅读与检索

遇到法律问题后，读者朋友可以直接通过查询本书目录，找到相关问题，查看相关案例和点评，找到法律依据，还可以随用随查一部分文书范本。本丛书就像是读者朋友的"私人法律顾问"，遇到法律问题"照方抓药"即可。

五、纠纷能得到顺利合理解决

丛书所选问题常见多发，所选案例典型常见，法律讲堂切中要点，法律依据来源准确，文书范本随用随查，还有"私人法律顾问"般的善意提醒和诉讼指导。有了这一切，相信您的麻烦和纠纷一定能得到顺利合理解决，您的烦恼也会一去不复返！

目录

第1章 基本概念与相关制度

页码	序号	标题
1	1	法律允许政府征收居民合法所有的房屋吗？
3	2	怎样判断房屋征收行为是否合法呢？
5	3	承租人是被征收人吗？
7	4	只有市政府才有权组织房屋征收工作吗？
10	5	改建基础设施落后的旧城区符合公共利益的需要吗？
12	6	可以因建设公路而收回国有土地使用权吗？
14	7	如何界定危房？
16	8	征收工作只能由房屋征收部门自行完成吗？
18	9	征收与征用有何区别？

第2章 被征收人权益

页码	序号	标题
21		第1节 征收补偿方式
21	10	房屋被征收的补偿方式有哪些？
24	11	选择房屋产权调换的补偿方式，应该注意哪些问题？
26	12	房屋征收时，被征收人能同时选择货币补偿与房屋产权调换吗？
28	13	被征收人有权选择补偿方式吗？
31	14	房屋征收部门有义务及时公开房屋征收补偿情况吗？又由谁来监督补偿费用的使用呢？

33	第2节　征收补偿范围
33	15　旧城改建项目竣工后，被征收人还能迁回之前的住处吗？
35	16　房产证上的户主是两个人，该房屋的征收补偿款应如何分配？
38	17　房屋征收补偿款应该包括被征收人的搬迁费用吗？
40	18　商业用房被征收后，用户的停业损失费该由谁来承担？
42	19　在个人住宅和临街商铺被征收时，政府会优先给予哪一方住房保障？
45	20　所有权人已经在房屋上设定了抵押，房屋征收时会对补偿造成什么影响吗？
48	21　对于带有院落的房屋，政府是只补偿房屋而不补偿院落吗？
51	第3节　对被征收房屋的评估
51	22　房屋被征收时，其补偿价值是如何确定的？
54	23　被征收房屋进行价值评估的，应该怎样选定评估机构？
57	24　被征收房屋进行评估时的流程是什么，应如何评估？
60	25　如何区分合法建筑、违法建筑、临时建筑？在征收补偿上会有所不同吗？
63	26　房地产评估机构确定后，与其签订评估合同的主体应当是谁？
65	27　被征收人对房屋评估价值有异议的应该怎么办？
68	28　对房屋价值评估有异议需鉴定时，鉴定专家组由谁负责组织，其成员应怎样构成？

71	29	征收部门有权要求房地产价格评估机构对评估报告的相关问题进行解释吗？
74	30	选择不同的征收补偿方式会影响被征收房屋的评估目的吗？
77	31	评估机构应当采用哪些方法对被征收房屋进行价值评估呢？
79	32	房屋价值评估时应如何确定被征收房屋的基本情况？
82	33	被征收房屋存在租赁、抵押的情况，其评估价值会因此受到影响吗？
85	34	法律意义上的"被征收房屋类似房地产"一词是怎样界定的？
88	35	评估机构作出评估报告时，应依据怎样的步骤进行？又有哪些注意事项呢？

第3章　征收程序

91		第1节　作出征收决定
91	36	哪个机关有权作出房屋征收决定？
93	37	房屋征收涉及的被征收人数量较多时，该如何作出决定？
95	38	作出房屋征收决定前必须做相关调查吗？被征收人有配合义务吗？
97	39	房屋征收决定作出后，必须公告吗？
99	40	房屋和土地使用权是分开征收的吗？
101	41	房屋征收听证会如何举行？
104	42	被征收人对征收决定不服该怎么办？
106		第2节　制订补偿方案
106	43	征求公众意见是征收补偿方案的必经程序吗？

108	44	公众可以通过什么方式参与制订征收补偿方案呢？
111	45	征收范围确定后新建的房屋，能得到补偿吗？
113	46	制订征收补偿方案的程序是什么？
115	47	因旧城区改造而征收房屋的补偿方案必须经过听证才能制订吗？
117		第3节　签订征收补偿协议
117	48	以口头方式订立的征收补偿协议有效吗？
119	49	签订的房屋征收补偿协议的内容有哪些，被征收人签订协议时应注意些什么内容呢？
122	50	谁有权签订房屋征收补偿协议？别人可以代签吗？
125	51	强迫被征收人签订的补偿协议有效吗？
128	52	房屋征收补偿协议签订后，被征收人还需要履行什么义务吗？
130	53	因对补偿协议约定的置换房屋面积存在不同意见，被征收人认为存在重大误解的，该怎么办？
133	54	房屋征收部门不履行补偿协议的，被征收人该如何维权？
136		第4节　作出补偿决定
136	55	被征收房屋所有权权属不明，征收部门应如何作出补偿决定？
138	56	征收人无法满足被征收人提出的高额补偿金，无法达成补偿协议时，应该怎么办？
141	57	征收人因未与被征收人达成补偿协议而需要作出补偿决定时，该决定书的内容有哪些呢？
143	58	面对补偿决定书，被征收人如何认定其内容是否合法合理？
146	59	征收补偿决定书应该如何送达被征收人？

| 148 | 60 | 被征收人认为补偿决定书的内容侵犯了自身权益，应该怎么办呢？ |

第4章 *强制征收*

150	61	法院能否对被征收人实行强制征收？
152	62	市、县政府申请强制征收应向法院提交哪些材料？
155	63	政府向法院申请强制征收，有期限限制吗？
157	64	法院在发出强制征收的公告后可以立即实施吗？
159	65	政府采取断水断电的方式强迫被征收人搬迁是否合法？
161	66	行政机关对违法建筑是否具有强制征收权？
163	67	政府提出的强制征收申请，法院都会批准吗？
165	68	强制征收过程中，谁来负责被征收人的财产损失？
167	69	农村房屋由谁进行强制征收？与城市房屋有区别吗？

第5章 *征收争议的解决*

169	第1节　行政复议
169	70	房屋征收行政复议的被申请人是谁？
171	71	谁承担房屋征收行政复议时的举证责任？
173	72	何时提起房屋征收行政复议？
175	73	被征收人向哪个行政机关申请行政复议？
177	74	承租人有权申请房屋征收行政复议吗？
179	75	达成和解了，房屋征收行政复议还用继续吗？
182	76	申请房屋征收行政复议是否需要交钱？
184	77	双方能否在房屋征收复议期间进行调解？
186	78	怎样处理申请人既不起诉也不执行行政复议决定的行为？

188		第2节　行政诉讼
188	79	授权委托书需要记明委托权限吗？
190	80	对征收决定不服可以提起行政诉讼吗？
192	81	房屋征收行政诉讼中的管辖法院应该如何确定呢？
194	82	复议以后经过多久可以提起房屋征收行政诉讼？
196	83	原告可以在撤诉后以同一事实与理由重新起诉或上诉吗？
198	84	在行政诉讼中，应该如何提交证据呢？
200	85	被告逾期提交证据，会产生什么法律后果？
202	86	被告在诉讼中自行收集的证据能否作为具体行政行为合法的依据？
204	87	在行政诉讼中，原告应当如何进行举证和质证？
207	88	法院准许强制征收，损害赔偿原告要求重新鉴定，应该满足什么条件？

第6章　土地管理与征收问题

209	89	征收哪些土地需要由国务院批准？
211	90	国家征收土地的，应该由哪个部门予以公告并组织实施呢？
213	91	土地被依法征收后，国家和政府应该对权利人如何补偿呢？
216	92	征地补偿安置方案是否需要进行公告？
218	93	是否应当公开土地补偿费用的收支状况？
220	94	如何将农村用地转变为建设用地？
222	95	越权批准占用土地需要承担什么样的法律责任？

第 1 章 基本概念与相关制度

1. 法律允许政府征收居民合法所有的房屋吗？

案例背景

某市的老城区大多是20世纪60年代建造的房屋，年久失修，有的已成了危房。即使部分房屋尚属安全之所，但配套的基础设施十分落后，百姓的生活也是极为不便的。政府为了改善人民生活质量，决定完善基础设施，拓宽街道，同时对危旧房屋实施征收改造。李某的房屋就在征收的范围内。其实，李某的房屋已经破旧不堪，不适合居住了，子女们也早就想接他同住。但是李某从小就生活在这里，现已经居住了五十多年，对老房子感情很深，说什么也不同意政府征收自己的房子。李某拿出房产证给工作人员查看，以证明自己的房屋是合法拥有的，觉得政府不能征收自己的合法房屋，拒不配合征收工作。那么，政府可以征收居民合法所有的房屋吗？

学法有疑

李某合法所有的房屋，法律允许政府征收吗？

法律讲堂

为保障居民利益，我国法律对房屋征收有明确的规定，政府进行房屋征收需严格遵循法律的规定。根据《国有土地上房屋征收与补偿条例》第二条、《宪法》第十三条第三款、《城市房地产管理法》第六条的规定，为了公共利益的需要，国家可以依法征收或征用国有土地上单位和个人的房屋，并予以公平的补偿，维护被征收人的合法权益。本案中，某市政府是为了完善旧城区的基础设施，征收李某等人的房屋及其土地是符合公共利益的，因此法律允许政府征收，李某应当积极配合政府的征收。不过，李某可以对政府的征收进行关注，以促使征收行为依法依规进行。

法律条文

《国有土地上房屋征收与补偿条例》

第二条 为了公共利益的需要，征收国有土地上单位、个人的房屋，应当对被征收房屋所有权人（以下称被征收人）给予公平补偿。

《中华人民共和国宪法》

第十三条第三款 国家为了公共利益的需要，可以依照法律规定对公民的私有财产实行征收或者征用并给予补偿。

《中华人民共和国城市房地产管理法》

第六条 为了公共利益的需要，国家可以征收国有土地上单位和个人的房屋，并依法给予拆迁补偿，维护被征收人的合法权益；征收个人住宅的，还应当保障被征收人的居住条件。具体办法由国务院规定。

一句话说法

为了公共利益的需要，政府可以依法施行征收，但是政府在征收集体所有的土地、单位或个人的房屋及其他不动产时，必须严格遵守法律的规定，并给予居民合法所有的房屋相应的拆迁补偿。

2. 怎样判断房屋征收行为是否合法呢？

> 住了这么久你们说征就征，合法吗？

> 房屋征收是公共利益的需要，也会给你们公平补偿。而且决策民主、程序正当、结果公开，所以是合法的。

案例背景

某市旧城区街道交通堵塞问题严重，影响居民正常出行不说，尾气污染也给沿街居民的生活带来了不小的困扰。为改善城市居民的交通条件，方便居民的生活和工作，市政府决定对市区三条主要交通干道进行拓宽改造，需征收街道两旁15米范围内的房屋建筑，用于扩建公路，修建绿化带及盲道。由于政府此举牵涉的被征收人很多，公告公示后不久就引起了居民的强烈反响。有的居民提出异议，他们质疑自己的房子是政府说征就征的吗？怎样才能知道政府的征收是否合法呢？

学法有疑

居民怎样判断政府的征收行为是否合法呢？

法律讲堂

对房屋进行征收属于国家行为，是国家为了满足社会的公共利益而进行的行政行为。根据《国有土地上房屋征收与补偿条例》第二条和第三条的规定，为了公共利益的需要，征收国有土地上单位、个人的房屋，应当对被征收房屋所有权人（以下称被征收人）给予公平补偿；房屋征收与补偿应当遵循决策民主、程序正当、结果公开的原则。本案中，征收房屋是为了拓宽道路，提高车辆的运行速度，减少尾气的排放以及方便公民的出行，因此符合以公共利益为需求的前提。同时，征收房屋应按照相关规定和程序给予被征收人公平补偿，不得损害房屋所有者的合法权益。以上是判断政府的征收行为是否合法的条件。如果政府的征收行为不满足以上条件，被征收人有权通过合法途径维护自己的权益。

法律条文

《国有土地上房屋征收与补偿条例》

第二条 为了公共利益的需要，征收国有土地上单位、个人的房屋，应当对被征收房屋所有权人（以下称被征收人）给予公平补偿。

第三条 房屋征收与补偿应当遵循决策民主、程序正当、结果公开的原则。

一句话说法

政府的征收行为合法的条件有三点：一是符合公共利益；二是给予被征收人公平的补偿；三是符合决策民主、程序正当以及结果公开这三项原则。否则，就可以判断，政府的征收行为不合法。

3. 承租人是被征收人吗？

案例背景

2019年5月，经历过一次考研失败的宋某，为了走进自己心中理想的校园，决定复习一年。由于宋某的父母是生意人，常常在家里谈生意，严重影响宋某的学习质量，于是宋某在自己家附近租了一套房子，一个人生活。2019年12月，宋某承租的房子因街道改造将要被征收。但宋某一心学习，对外界事物甚少关注。直到房子马上就要被征收时，宋某才得知此消息。宋某认为租期未至，况且马上就要考试了，临时搬迁一定会影响自己的学习，给自己带来损失，所以补偿款应当有自己的一部分，自己也是被征收人。

学法有疑

宋某作为承租人，属于被征收人吗？

法律讲堂

根据《国有土地上房屋征收与补偿条例》第二条的规定，为了公共利益的需要，征收国有土地上单位、个人的房屋，应当对被征收房屋所有权人（以下称被征收人）给予公平补偿。根据法律规定，房屋所有权人是得到征收补偿的对象，所以被征收人仅仅指的是国有土地上被征收房屋的所有权人。房屋承租人并不属于被征收人的范畴。本案中，宋某只是被征收房屋的承租人，不是房屋的所有权人，所以征收补偿款应属于该房屋所有权人即出租人所有，而宋某无权获得补偿款。因政府征收房屋，导致租赁合同不能履行的，一般属于不可抗力，出租人需要履行通知以减少承租人损失的义务，如果造成承租人损失的话，出租人可能需要承担补偿责任。

法律条文

《国有土地上房屋征收与补偿条例》

第二条 为了公共利益的需要,征收国有土地上单位、个人的房屋,应当对被征收房屋所有权人(以下称被征收人)给予公平补偿。

一句话说法

承租人不是被征收人,也就不是补偿的对象,而被征收人是征收国有土地上单位、个人的房屋的所有权人。因此,确定被征收人的范围对于补偿款的分发极为重要。

4. 只有市政府才有权组织房屋征收工作吗?

> 我觉得县政府级别不够,无权组织房屋征收。

> 法律规定了市政府和县政府的房屋征收部门都可以组织房屋征收与补偿工作。

案例背景

某县政府的房屋征收部门为完成旧城改造工作,计划征收旧城部分房屋以完善其基础设施,扩大绿化面积,从而达到改善整个城市环境的目的。为坚持民主决策,该县政府在2020年7月召开听证会,听取被征收人的意见。会议上,被征收人积极发言,提出了许多宝贵意见。会议结束后,该县政府发布公告,被征收人之一的赵某提出异议,他不同意被征收。赵某称:县政府无权组织房屋征收工作,只有市政府才有这个权力。若县政府执意要征收他的房屋,他就起诉县政府。那么,只有市政府才有权组织房屋征收工作吗?

学法有疑

只有市政府才有权组织房屋征收工作吗?

法律讲堂

房屋征收是政府行为，根据《国有土地上房屋征收与补偿条例》第四条的规定，市、县级人民政府负责本行政区域的房屋征收与补偿工作。市、县级人民政府确定的房屋征收部门（以下称房屋征收部门）组织实施本行政区域的房屋征收与补偿工作。市、县级人民政府有关部门应当依照本条例的规定和本级人民政府规定的职责分工，互相配合，保障房屋征收与补偿工作的顺利进行。因此，市、县两级政府均有权组织征收活动，但是需依照行政区域划分及职责分工实施工作。本案中，需要对旧城基础设施改造属于县政府的管辖范围，应由该县政府负责房屋征收与补偿工作，县政府可以确定房屋征收部门实施具体的工作，保障征收补偿工作的顺利进行。因此，赵某的说法是错误的。

法律条文

《国有土地上房屋征收与补偿条例》

第四条　市、县级人民政府负责本行政区域的房屋征收与补偿工作。

市、县级人民政府确定的房屋征收部门（以下称房屋征收部门）组织实施本行政区域的房屋征收与补偿工作。

市、县级人民政府有关部门应当依照本条例的规定和本级人民政府规定的职责分工，互相配合，保障房屋征收与补偿工作的顺利进行。

第五条　房屋征收部门可以委托房屋征收实施单位，承担房屋征收与补偿的具体工作。房屋征收实施单位不得以营利为目的。

房屋征收部门对房屋征收实施单位在委托范围内实施的房屋征收与补偿行为负责监督，并对其行为后果承担法律责任。

一句话说法

市政府和县政府的房屋征收部门都可以进行房屋征收与补偿工作,但两者都需依照行政区域划分及职责分工实施工作,不得以营利为目的。房屋征收部门如果违反法律程序,都要对其行为后果承担法律责任。

5. 改建基础设施落后的旧城区符合公共利益的需要吗？

案例背景

某市旧城区存在诸多弊端，如危房较多、基础设施落后等。2020年，该市政府启动了完善改造旧城区基础设施的项目。旧城区建设于改革开放之前，由于当时的经济技术较为落后，城市的排水系统设计建造的非常不科学。尤其是大雨过后，下水道常常堵塞，导致路面的积水有一尺多高，给群众生活带来诸多不便。大范围整修排水系统不但要拓宽原有的排水道，还要额外新建一些引水渠，这就导致多家房屋需要被征收，被征收房屋多达六十户。其中还有一处建筑物属于文物遗迹。虽然被征收人同意政府的做法，但一部分人认为如果把文物古迹拆掉就断送了文化的传承，与维护公共利益的大方向相违背。那么，改建基础设施落后的旧城区符合公共利益的需要吗？

学法有疑

改建基础设施落后的旧城区符合公共利益的需要吗？

法律讲堂

改善旧城区的排水系统是为了推进民生工程，改善市容市貌，统一城市规划，统筹规划后也能改善人们的生活条件，是政府利民的好事。根据《国有土地上房屋征收与补偿条例》第八条第五款的规定，为了保障国家安全、促进国民经济和社会发展等公共利益的需要，由政府依照城乡规划法有关规定组织实施的对危房集中、基础设施落后等地段进行旧城区改建的需要，确需征收房屋的，由市、县级人民政府作出房屋征收决定。本案中对旧城区基础设施改进的主体是政府，同时也是为推进民生工程，方便群众生活，符合公共利益的需要。另外，《城乡规划法》第三十一条规定，旧城区的改建，应当保护历史文化遗产和传统风貌，合理确定拆迁和建设规模，有计划地对危房集中、基础设施落后等地段进行改建。历史文化名城、名镇、名村的保护以及受保护建筑物的维护和使用，应当遵守有关法律、行政法规和国务院的规定。本案中，改造区域内有文物古迹一处，在改造过程中应保护它，不得破坏文物古迹。

综上所述，对排水系统进行改造符合公共利益的需要，同时不得拆除历史古迹，这样才符合法律的规定。

法律条文

《国有土地上房屋征收与补偿条例》

第八条　为了保障国家安全、促进国民经济和社会发展等公共利益的需要，有下列情形之一，确需征收房屋的，由市、县级人民政府作出房屋征收决定：

……

（五）由政府依照城乡规划法有关规定组织实施的对危房集中、基础设施落后等地段进行旧城区改建的需要；

……

《中华人民共和国城乡规划法》

第三十一条　旧城区的改建，应当保护历史文化遗产和传统风貌，合理确定拆迁和建设规模，有计划地对危房集中、基础设施落后等地段进行改建。

历史文化名城、名镇、名村的保护以及受保护建筑物的维护和使用，应当遵守有关法律、行政法规和国务院的规定。

一句话说法

对旧城区的危房以及基础设施的改建要符合公共利益的需要，同时还要注重保护历史文化遗产和传统风貌，在改善人民生活水平的同时，要加强对历史遗迹的保护，从而才能真正做到保护公共利益。

6. 可以因建设公路而收回国有土地使用权吗？

案例背景

为促进经济又好又快地发展，某市政府决定完善公路建设，从而形成立体交通网，来提高交通工具的运作效率，满足经济发展带来的交通需求。由于公路建设的需要，要收回部分国有土地使用权，其中包括使用权人是某个体户的国有土地。使用权人称，国有土地的使用权自己是合法取得的，并且尚未到期，政府若是提前收回是不讲信用的表现，而且损害了使用权人的利益。政府工作人员称，政府的行为是合法的，也是为了公共利益的需要。双方各执一词，互不相让，使用权人还扬言要与政府在法庭上见。

学法有疑

可以因建设公路而收回国有土地使用权吗？

法律讲堂

《土地管理法》第五十八条规定，有下列情形之一的，由有关人民政府自然资源主管部门报经原批准用地的人民政府或者有批准权的人民政府批准，可以收回国有土地使用权：（一）为实施城市规划进行旧城区改建以及其他公共利益需要，确需使用土地的；（二）土地出让等有偿使用合同约定的使用期限届满，土地使用者未申请续期或者申请续期未获批准的；（三）因单位撤销、迁移等原因，停止使用原划拨的国有土地的；（四）公路、铁路、机场、矿场等经核准报废的。本案中，虽然收回国有土地损害了使用权人的利益，但建设公路属于公共利益需要的法定情形，经法定部门批准，可以依法收回该个体户的国有土地使用权，并给予使用权人适当补偿。

法律条文

《中华人民共和国土地管理法》

第五十八条 有下列情形之一的,由有关人民政府自然资源主管部门报经原批准用地的人民政府或者有批准权的人民政府批准,可以收回国有土地使用权:

(一)为实施城市规划进行旧城区改建以及其他公共利益需要,确需使用土地的;

(二)土地出让等有偿使用合同约定的使用期限届满,土地使用者未申请续期或者申请续期未获批准的;

(三)因单位撤销、迁移等原因,停止使用原划拨的国有土地的;

(四)公路、铁路、机场、矿场等经核准报废的。

依照前款第(一)项的规定收回国有土地使用权的,对土地使用权人应当给予适当补偿。

一句话说法

人民政府有权收回国有土地使用权,但是要符合《土地管理法》规定的四个条件。因公共利益需要以及为旧城区改建而需要使用土地的,在规定收回国有土地使用权时,对土地使用权人应当给予适当补偿。

7. 如何界定危房？

案例背景

某市旧城区的房子建设于 1986 年，距今已经 30 多年了，由于年久失修，有的房屋已经出现掉墙皮、漏水等现象，更严重的是有的房屋出现裂缝，随时可能倒塌，危及居民的生命、财产安全。目前，居住在旧城区的多为老年人，有的是因为经济条件不允许，一直住在旧房子里，有的是因为住久了，不想离开这里。为改善民生条件，市政府决定对危楼进行重建。居民们听闻此消息后，整天琢磨自己的房算不算危房，会不会被征收。那么，什么才算是危房呢？

学法有疑

如何界定危房？

法律讲堂

危房是处于危险状况下的房屋，会使人的生命财产安全都受到威胁。根据《城市危险房屋管理规定》第二条的规定，本规定适用于城市（指直辖市、市、建制镇，下同）内各种所有制的房屋。本规定所称危险房屋，系指结构已严重损坏或承重构件已属危险构件，随时有可能丧失结构稳定和承载能力，不能保证居住和使用安全的房屋。本案中，旧城区的楼房年代久远，墙体裂缝严重，结构已严重损坏，无法满足生活使用要求，对居民的生命财产安全造成威胁，那么，此类房屋就属于危房。

法律条文

《城市危险房屋管理规定》

第二条 本规定适用于城市（指直辖市、市、建制镇，下同）内各种所有制的房屋。

本规定所称危险房屋，系指结构已严重损坏或承重构件已属危险构件，随时有可能丧失结构稳定和承载能力，不能保证居住和使用安全的房屋。

一句话说法

危房严重威胁人们的生命财产安全，危房的界定要满足三个条件：一是结构已严重损坏或承重构件已属危险构件；二是随时有可能丧失结构稳定和承载能力；三是不能保证居住和使用安全的房屋。政府应当及时对城市危险房屋进行管理。

8. 征收工作只能由房屋征收部门自行完成吗？

案例背景

某市旅游资源丰富，为进一步利用旅游行业提升本市经济效益，该市政府决定针对设施陈旧的景区，大力完善基础设施，扩大景区的游客承载量，满足日益增多的旅游人员。征收部分房屋成为此次工作的内容之一。政府指定了具体负责的房屋征收部门。由于此次整改涉及的景区较多，遇到的难题也是层出不穷，征收部门的工作开展得十分不顺利，延误了整体规划实施的进度。因此，他们想申请其他有关部门协助征收工作。那么征收工作可以由有关部门协助完成吗？

学法有疑

征收工作只能由房屋征收部门自行完成吗？

法律讲堂

房屋征收的实施单位是负责征收房屋具体工作的单位。根据《国有土地上房屋征收与补偿条例》第五条的规定，房屋征收部门可以委托房屋征收实施单位，承担房屋征收与补偿的具体工作。房屋征收实施单位不得以营利为目的。房屋征收部门对房屋征收实施单位在委托范围内实施的房屋征收与补偿行为负责监督，并对其行为后果承担法律责任。本案中，征收工作并不是必须只由房屋征收部门自行完成，其可以委托房屋征收实施单位来承担具体的征收工作，但房屋征收部门要对房屋征收实施单位的行为承担法律责任。

法律条文

《国有土地上房屋征收与补偿条例》

第五条 房屋征收部门可以委托房屋征收实施单位，承担房征收与补偿的具体工作。房屋征收实施单位不得以营利为目的。

房屋征收部门对房屋征收实施单位在委托范围内实施的房屋征收与补偿行为负责监督，并对其行为后果承担法律责任。

一句话说法

房屋征收实施单位承担房屋征收与补偿的具体工作时，要满足以下条件：不能是企业；不得以营利为目的；其征收工作为受委托的行政行为，其行为的法律后果由房屋征收部门承担。

9. 征收与征用有何区别?

> 政府征用了我大量的帐篷、食品和水,应该会还我吧?

> 按法律规定,抢险救灾紧急征用的物资,事后国家是必须返还或给予补偿的。

案例背景

某年7月,连续数天的暴雨冲刷导致山体松动,某市发生特大泥石流灾害。本次地质灾害造成附近的居民房屋以及商场街道都遭到不同程度的损坏,后果十分严重。为及时解决目前受灾人家的居住和饮食问题,该市政府向附近的大商场征用大量帐篷、食品以及衣物、饮用水,征用的物品总价值达几十万元。一商场老板称国家征收了自己的东西,不会还给自己了。有的人告诉他,征收和征用不一样。听了这话,商场老板一头雾水,难道国家会补偿自己的损失吗?征收和征用有什么区别吗?

学法有疑

征收与征用有区别吗?

法律讲堂

征用和征收是有区别的。征用，是指国家为了公共利益的需要，依照法定程序强制征用对方财产的一种具体行政行为。根据《民法典》第二百四十五条的规定，因抢险救灾、疫情防控等紧急需要，依照法律规定的权限和程序可以征用组织、个人的不动产或者动产。被征用的不动产或者动产使用后，应当返还被征用人。组织、个人的不动产或者动产被征用或者征用后毁损、灭失的，应当给予补偿。本案中，因出现了自然灾难，国家需向社会征用饮用水、食品等物资来实施救援，属于紧急征用，征用物所有权未变更，仍归商场老板所有，征用物品被灾民使用完后应返还，征用消耗品使用完毕无法返还的，因此产生的损失被征用人应得到相应的赔偿。本案中，饮用品、食品等征用物资在使用后是无法返还的，就应当给予商场相应的赔偿。而征收，是指国家基于公共利益的需要，依照法定程序将单位、个人的财产收为国家所有的行政行为，财物被征收后其所有权性质就发生了变更。比如，根据《国有土地上房屋征收与补偿条例》第十三条第三款的规定，房屋被依法征收的，国有土地使用权同时收回。这表明征收后，所有权变更了，所有权归国家所有。

法律条文

《国有土地上房屋征收与补偿条例》

第十三条第三款 房屋被依法征收的，国有土地使用权同时收回。

《中华人民共和国民法典》

第二百四十五条 因抢险救灾、疫情防控等紧急需要，依照法律规定的权限和程序可以征用组织、个人的不动产或者动产。被征用的不动产或者动产使用后，应当返还被征用人。组织、个人的不动产或者动产被征用或者征用后毁损、灭失的，应当给予补偿。

一句话说法

征收和征用是不一样的,行政征用因其紧急状态的不同,可以分为一般征用和紧急征用,紧急征用可以依据行政命令强制实施,特别紧急的甚至可以即时强制征用,但事后要按行政权限补办批准手续。

第 2 章 被征收人权益

第 1 节 征收补偿方式

10. 房屋被征收的补偿方式有哪些?

> 房屋征收有哪些补偿方式呢?

> 听说有两种,货币补偿和房屋产权调换。

案例背景

某市近年来经济发展较快,但环境质量却一度下降,为改善投资和居住环境,该市政府决定在市中心地带修建一个绿色生态公园。建设公园的方案受到周边居民的一致欢迎,但是现有的空地根本不能满足绿色生态公园的规划建设要求,这就必须要占用周边的几个老小区，于是政府决定对这几个老小区的房屋进行征收。石某家正好处于被征收范围内，在政府工作人员上门商定征收事宜时，石某表示会积极配合征收工作，政府工作人员也表示政府会给予一定的货币补偿。石某觉得，光有钱没有家可不行，便疑惑地问政府工作人员还有没有其他的补偿方式。

学法有疑

房屋被征收的补偿方式有哪些？

法律讲堂

《国有土地上房屋征收与补偿条例》第二十一条第一款、第二款规定："被征收人可以选择货币补偿，也可以选择房屋产权调换。被征收人选择房屋产权调换的，市、县级人民政府应当提供用于产权调换的房屋，并与被征收人计算、结清被征收房屋价值与用于产权调换房屋价值的差价。"依据该规定可以看出，房屋征收主要有两种补偿方式：一是货币补偿，即征收人按照评估价格对被征收房屋的所有人以货币形式给予补偿；二是房屋产权调换，即征收人用自己开发或购买的房屋与被征收的房屋对换，并结清被征收房屋的评估价和调换房屋的市场价之间的差价。对于这两种补偿方式，被征收人可以自由选择。因此，本案中的石某可以选择房屋产权调换。

法律条文

《国有土地上房屋征收与补偿条例》

第二十一条 被征收人可以选择货币补偿，也可以选择房屋产权调换。

被征收人选择房屋产权调换的，市、县级人民政府应当提供用于产权调换的房屋，并与被征收人计算、结清被征收房屋价值与用于产权调换房屋价值的差价。

……

一句话说法

房屋被征收后,被征收人有权选择货币补偿或者房屋产权调换,房屋征收部门应当尊重被征收人的选择。不论是选择哪一种补偿方式,只要不违背公平补偿原则,没有不当增加补偿费用,房屋征收部门就没有理由拒绝。

11. 选择房屋产权调换的补偿方式，应该注意哪些问题？

案例背景

薛某夫妇为方便儿子上学，在某市购买了一套学区房。该房地理位置极其优越，附近有市重点小学、市重点中学，且交通便利。不料，最近小区里总是传出这里的房屋要征收的消息，薛某夫妇很担心，如果房屋征收，儿子上学不便怎么办？后该小区征收的消息被证实，政府在小区内张贴了征收公告，并在该小区居委会的配合下给出了补偿方案。薛某夫妇希望孩子还能在原来的学校上学，于是选择了产权调换的补偿方式。那么，他们需要注意哪些问题，才能保护自己的合法权益？

学法有疑

薛某夫妇选择产权调换应该注意哪些问题？

法律讲堂

《国有土地上房屋征收与补偿条例》第二十一条第一款规定："被征收人可以选择货币补偿，也可以选择房屋产权调换。"因此，本案中，薛某夫妇有权选择房屋产权调换。但是为了保护自己的合法权益，他们在选择产权调换时应注意以下两个问题：一是要查看产权调换房屋的所有权。征收人用于调换的房屋基本有两种情况：一种是征收人已经是调换房屋的所有权人，这种情况权属明确，风险较小；另一种是新房，其他开发商建设的，征收人已经与该开发商达成合作协议，一部分新房留下来用于房屋征收的产权调换，这种情况下，被征收人还需要与房屋的开发商签订房屋买卖合同，并办理入住等手续。征收人对房屋是否有处置权，是产权调换的关键，如果被征收人对房屋没有处置权，则不可能实现产权调换。二是要明确产权调换房屋的位置、面积及房屋质量等问题。调换房屋的位置、面积对被征收人的利益有着重大的影响。综上所述，薛某夫妇可以参照如上分析来保护自己的合法权益。

法律条文

《国有土地上房屋征收与补偿条例》

第二十一条 被征收人可以选择货币补偿，也可以选择房屋产权调换。

被征收人选择房屋产权调换的，市、县级人民政府应当提供用于产权调换的房屋，并与被征收人计算、结清被征收房屋价值与用于产权调换房屋价值的差价。

因旧城区改建征收个人住宅，被征收人选择在改建地段进行房屋产权调换的，作出房屋征收决定的市、县级人民政府应当提供改建地段或者就近地段的房屋。

一句话说法

房屋产权调换是房屋征收补偿的一种方式，被征收人选择房屋产权调换应该注意要调换房屋的所有权归属、所处地段、市场价值、房屋质量等问题，同时还应知道产权调换房屋交付前，房屋征收部门有向被征收人支付搬迁费或者提供周转房的义务。

12. 房屋征收时，被征收人能同时选择货币补偿与房屋产权调换吗？

> 给您补偿一套140平方米的新房吧。

> 我用不了这么大的房子，可以换成70平方米左右的，然后能把差价转成现金吗？

🔖 案例背景

田奶奶今年快70岁了，老伴已经去世，儿女们也都在外地工作，田奶奶一人住着一套140平方米的房子，感觉非常孤独。恰巧，该市政府为响应国家产业创新的号召，要在此地新建一个高新技术孵化基地，需要对附近几个老旧小区进行征收，田奶奶家就在征收范围内。田奶奶觉得自己住，用不了太大的房子，要是能给自己补偿一套小面积的房子，同时再给自己一部分补偿款就好了。那么，田奶奶的这种想法能不能取得政府工作人员的同意呢？

学法有疑

田奶奶可以同时选择货币补偿与房屋产权调换吗？

法律讲堂

根据《国有土地上房屋征收与补偿条例》第二十一条第一款、第二款规定："被征收人可以选择货币补偿，也可以选择房屋产权调换。被征收人选择房屋产权调换的，市、县级人民政府应当提供用于产权调换的房屋，并与被征收人计算、结清被征收房屋价值与用于产权调换房屋价值的差价。"由此可知，被征收人有权选择征收补偿的方式，如果选择了产权调换的补偿方式，在被征收房屋的面积、价值与产权调换的房屋不同时，应补偿其差价。不论是选择单一的补偿方式，还是选择并用的补偿方式，只要是统一按照补偿方案进行补偿，也不会额外增加补偿费用，房屋征收人就不能拒绝。因此，本案中，田奶奶提出给自己补偿一套小房子和一部分货币的要求是合法的，政府工作人员应该同意。

法律条文

《国有土地上房屋征收与补偿条例》

第二十一条 被征收人可以选择货币补偿，也可以选择房屋产权调换。

被征收人选择房屋产权调换的，市、县级人民政府应当提供用于产权调换的房屋，并与被征收人计算、结清被征收房屋价值与用于产权调换房屋价值的差价。

……

一句话说法

在实行产权调换时，调换房屋的建筑面积与被征收房屋的建筑面积很难正好相等，即使相当，也可能在结构上不相同，需要进行价格结算。调换房屋价值低于被征收房屋评估价时，就需要通过货币补偿的形式，对产权调换补偿不足的部分加以补偿。

13. 被征收人有权选择补偿方式吗?

案例背景

林某的房子在市中心医院对面,周边有菜市场、老年活动中心,配套设施非常齐全,林某住着也非常舒心。然而,前不久政府部门贴出公告,要对这一带进行旧城改造,欲征收林某所住的房屋。但是林某在这里已经生活了20多年,早已习惯这里便利的条件,如果搬到其他地方,他担心自己无法适应。于是,在政府工作人员上门商定征收补偿事宜时,林某表示不愿搬离原来的位置,希望能得到房屋产权调换的补偿,并请求政府能在附近安置住房。而政府工作人员却明确表示,此次征收,政府一律采取货币补偿的方式。林某非常疑惑,想知道自己有权选择补偿方式吗?

学法有疑

被征收人有权选择补偿方式吗？

法律讲堂

根据《国有土地上房屋征收与补偿条例》第二十一条第一款规定："被征收人可以选择货币补偿，也可以选择房屋产权调换。"可知，被征收人是有权利选择补偿方式的。货币补偿与房屋产权调换是两种法定的补偿方式，无论被征收人选择哪种补偿方式，征收人都应当尊重被征收人的选择。同时，该条例第二十一条第三款还规定："因旧城区改建征收个人住宅，被征收人选择在改建地段进行房屋产权调换的，作出房屋征收决定的市、县级人民政府应当提供改建地段或者就近地段的房屋。"由此可见，被征收人不仅有权选择房屋产权调换的补偿方式，而且还有权要求征收人在改建地段就近安排住房。本案中，政府因旧城区改建而征收林某所住房屋，应当依法尊重他的选择，按照他的要求就近为其安排房屋。

法律条文

《国有土地上房屋征收与补偿条例》

第二十一条 被征收人可以选择货币补偿，也可以选择房屋产权调换。

被征收人选择房屋产权调换的，市、县级人民政府应当提供用于产权调换的房屋，并与被征收人计算、结清被征收房屋价值与用于产权调换房屋价值的差价。

因旧城区改建征收个人住宅，被征收人选择在改建地段进行房屋产权调换的，作出房屋征收决定的市、县级人民政府应当提供改建地段或者就近地段的房屋。

一句话说法

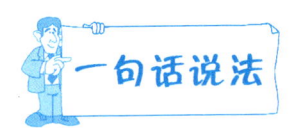

货币补偿与房屋产权调换是两种法定的补偿方式,被征收人有权选择一种。如果征收人强制规定采取某种补偿方式,就是对被征收人补偿选择权的侵害,被征收人可以依法维护自己的合法权益。

14. 房屋征收部门有义务及时公开房屋征收补偿情况吗？又由谁来监督补偿费用的使用呢？

案例背景

某市为促进经济发展，提高土地利用率，拟对一些老旧小区进行改造。牛某所住的小区恰好在改造范围内。后政府房屋征收部门公布了征收补偿方案，但是该方案没有对具体的个人补偿情况进行说明。小区居民对此议论纷纷，担心征收补偿标准太低，让自己吃亏。大家想知道，房屋征收部门是否负有公开房屋征收补偿情况的法定义务呢？对于补偿费用的使用又由谁来监督？对此，法律是如何规定的呢？

学法有疑

房屋征收部门有义务及时公开房屋征收补偿情况吗？又由谁来监督补偿费用的使用呢？

法律讲堂

对被征收人来说，最关注的问题就是补偿费用的明细以及落实。而被征收人了解补偿情况最直接的途径就是征收部门公布的补偿方案。对此，《国有土地上房屋征收与补偿条例》第二十九条有明确规定，房屋征收部门应当依法建立房屋征收补偿档案，并将分户补偿情况在房屋征收范围内向被征收人公布。由此可见，公布补偿情况，是房屋征收部门的责任和义务，被征收人可以按照公布内容得知相应的信息。此外，征收补偿费用的管理和使用也与被征收人息息相关。对于补偿费用使用情况的监管，依法由审计机关作出，即审计机关应当加强对征收补偿费用管理和使用情况的监督，并公布审计结果。

法律条文

《国有土地上房屋征收与补偿条例》

第二十九条 房屋征收部门应当依法建立房屋征收补偿档案,并将分户补偿情况在房屋征收范围内向被征收人公布。

审计机关应当加强对征收补偿费用管理和使用情况的监督,并公布审计结果。

一句话说法

被征收人在征收过程中依法享有知悉征收与补偿的有关情况以及获取公平补偿的权利,只有充分保障被征收人在征收与补偿过程中的各项权利,才能确保征收工作的顺利开展。

第 2 节　征收补偿范围

15. 旧城改建项目竣工后,被征收人还能迁回之前的住处吗?

> 我和邻居们住在这一带很久了,希望征收后还能住在这里。

> 我们尽量给你安排附近地段的房子。

📞 案例背景

李某自小就没了父母,所以一直以来就跟爷爷奶奶一起住在北京的某四合院内。街坊邻居们都知道李某的境况,对李某一家也很照顾。李某几乎可以算是在当地吃邻居们的"百家饭"长大的,跟邻居们的关系都非常好。李某的爷爷奶奶去世后将房子留给了李某,李某很珍视这份遗产,也十分看重多年的邻里感情,即便李某的女友多次劝说,李某也未曾动过出售房屋的念头。直到今年,政府决定对旧城区进行改造，要征收这附近的老院落，李某无奈搬了出来。可是，后来李某听说，邻居们打算等这片地方建好以后回迁到老院子所在的地段，李某也希望能和大家一起迁回去。那么，李某和这些邻居们是否有回迁权呢？

学法有疑

李某和邻居们享有回迁权吗？他们的愿望能够实现吗？

法律讲堂

我国《国有土地上房屋征收与补偿条例》第二十一条第三款明确规定："因旧城区改建征收个人住宅，被征收人选择在改建地段进行房屋产权调换的，作出房屋征收决定的市、县级人民政府应当提供改建地段或者就近地段的房屋。"该法条明确确定了被征收人的回迁权。所谓回迁权是指在旧城改造中，改建地区的房屋被依法征收的，如果被征收人愿意回到原地的，可以在一定条件下保障其在改建地段或者是就近的地段得到安置房的权利。事实上，"回迁"属于房屋产权调换的一种具体补偿方式，法律是予以认可和支持的。本案中，李某和这些邻居们享有回迁权，他们可以选择在旧城区所在的地段进行房屋产权调换。

法律条文

《国有土地上房屋征收与补偿条例》

第二十一条第三款 因旧城区改建征收个人住宅，被征收人选择在改建地段进行房屋产权调换的，作出房屋征收决定的市、县级人民政府应当提供改建地段或者就近地段的房屋。

一句话说法

为了促进房屋征收工作的顺利进行，国家允许旧城区住宅的被征收人选择就近地段的房屋进行调换。这实质上是对居民回迁权的保障，于情于法都是十分合理的。

16. 房产证上的户主是两个人，该房屋的征收补偿款应如何分配？

> 房子是我们两个人的，征收补偿款我也有份。

> 房子是我父母买的，征收补偿款与你无关。

案例背景

某日，赵某向李某求婚。为了给李某一个惊喜，赵某将父母给自己准备的婚房主动加上了李某的名字。可是，婚后的生活并不尽如人意，二人经常因为生活琐事吵架，渐渐地都有了离婚的打算。后来，李某听说他们所住的这栋小区已经列入了征收规划，政府也已经将征收公告张贴了出来。李某想知道，像他们这种情况征收补偿款该如何分配呢？同小区的住户小娜也有一个疑问，就是自己的房屋是当时与前男友合伙购买的，自己出了70%的房款，现在要被征收了，该如何分配征收补偿款呢？

学法有疑

共有房屋的征收补偿款该如何进行分配呢？

法律讲堂

根据我国《民法典》可知，无论是不动产还是动产，都可以由两个或两个以上的组织、个人共同所有。共同共有人对共有的不动产或者动产享有共同所有权，按份共有人对共有的不动产或者动产按照其份额享有所有权。对于共有关系的界定规则，《民法典》第三百零八条做出了规定，即当共有人对共有的不动产或者动产没有约定为按份共有或者共同共有，或者约定不明确的，除共有人具有家庭关系等外，视为按份共有。因此，对共有房屋如何补偿的问题，我们首先应该区分房屋是按份共有还是共同共有。本案中，房屋共有的情形共有两种：一种是赵某与李某有夫妻关系，是房屋共同共有人；另一种是小娜与前男友对该房产是按份共有。对于征收补偿款的分配，赵某与李某共同享有对补偿款的所有权，且在双方婚姻关系终止前，无重大理由不得分割；小娜则与前男友按各自的份额对房屋补偿款享有所有权，即小娜可分得征收补偿款的70%。

法律条文

《中华人民共和国民法典》

第二百九十七条　不动产或者动产可以由两个以上组织、个人共有。共有包括按份共有和共同共有。

第二百九十八条　按份共有人对共有的不动产或者动产按照其份额享有所有权。

第二百九十九条　共同共有人对共有的不动产或者动产共同享有所有权。

第三百零八条　共有人对共有的不动产或者动产没有约定为按份共有或者共同共有，或者约定不明确的，除共有人具有家庭关系等外，视为按份共有。

一句话说法

不动产和动产都可以由两人以上共同享有所有权,共有状态又可以分为共同共有和按份共有。多存在于家庭关系之中的共同共有人对共同财产享有同等的权益。而按份共有人则一般以合同关系加以维系,各共有人应按合同约定各自享有的份额进行分配。

17. 房屋征收补偿款应该包括被征收人的搬迁费用吗？

案例背景

小马大学毕业后不想回农村老家，就在南方某市找到了一份非常不错的工作。工作几年后，小马在当地买房定居。出于上班方便这一因素的考虑，小马选择在离公司较近的郊区买了一套二手房，一住就是两年多。生活刚步入正轨，小马就看到了房屋征收公告。政府要进行旧城改造，征收该范围内的房屋。小马已经习惯了附近的生活圈子，就选择了调换房屋产权的补偿方式，而调换的房屋就在附近一个新开发的小区。在入住产权调换房屋之前，小马需要住在临时安置房里，但是对于怎么运送自己的家电家具，他还没想好。小马想雇中介搬家，但他担心由此产生的费用超出了补偿范围。那么，搬迁产生的费用是否包含在补偿范围内？

学法有疑

小马因搬家而产生的搬迁费用政府会予以补偿吗？

法律讲堂

被征收人因房屋征收需要搬迁的，势必会产生一定的搬迁安置费用，这部分费用并非因被征收人自己的原因造成的，那么应当由谁来承担呢？根据《国有土地上房屋征收与补偿条例》第十七条的规定，因征收房屋造成的搬迁、临时安置的补偿属于补偿范围。同时，根据该法第二十二条的规定，因征收房屋造成搬迁的，房屋征收部门应当向被征收人支付搬迁费；选择房屋产权调换的，产权调换房屋交付前，房屋征收部门应当向被征收人支付临时安置费或者提供周转用房。因此，本案中的小马在搬迁过程中所产生的搬迁费用是包括在补偿范围内的，应当由房屋征收部门负责支付费用。

法律条文

《国有土地上房屋征收与补偿条例》

第十七条第一款　作出房屋征收决定的市、县级人民政府对被征收人给予的补偿包括：

（一）被征收房屋价值的补偿；

（二）因征收房屋造成的搬迁、临时安置的补偿；

（三）因征收房屋造成的停产停业损失的补偿。

第二十二条　因征收房屋造成搬迁的，房屋征收部门应当向被征收人支付搬迁费；选择房屋产权调换的，产权调换房屋交付前，房屋征收部门应当向被征收人支付临时安置费或者提供周转用房。

一句话说法

被征收人选择产权调换的补偿方式后，势必会产生搬迁和搬迁安置费用的问题。法律将此类费用纳入征收补偿范围内，既保障了被征收人的权益，也有利于拆迁工作的顺利进行。

18. 商业用房被征收后，用户的停业损失费该由谁来承担？

案例背景

老王和老伴刘某年轻时膝下一直无子，直到老王年过半百才喜得一子，夫妻二人对儿子小王非常溺爱。小王从小就不喜欢学习，老两口百般劝导，小王才勉强混个初中毕业。无奈之下，老两口就在自己小区附近给儿子买了一间商铺，经营日常百货。小王经营得也非常不错，利润很可观。可是，前不久政府贴出征收公告，说是要进行旧城改造，征收划定区域内的全部居民住宅和商铺。这可使老王犯了难，眼看着孩子刚起步的生意就这么停了。虽说找了个新店址，可装修新店铺也得停业几个月。那么，小王的商铺因停业造成的损失，政府应该补偿吗？

学法有疑

商业用房被征收后因停业造成的损失，政府应该补偿吗？

法律讲堂

商业用房被征收后必然导致停产停业，肯定会给被征收人带来一定的损失，政府必须对此进行补偿。《国有土地上房屋征收与补偿条例》第十七条明确规定，"因征收房屋造成的停产停业损失的补偿"属于补偿范围。并且，该法第二十三条规定，对因征收房屋造成停产停业损失的补偿，根据房屋被征收前的效益、停产停业期限等因素确定。具体办法由省、自治区、直辖市制定。由此可见，本案中，政府对商业用房即小王的商铺征收补偿包括停业造成的损失。

法律条文

《国有土地上房屋征收与补偿条例》

第十七条第一款 作出房屋征收决定的市、县级人民政府对被征收人给予的补偿包括：

（一）被征收房屋价值的补偿；

（二）因征收房屋造成的搬迁、临时安置的补偿；

（三）因征收房屋造成的停产停业损失的补偿。

第二十三条 对因征收房屋造成停产停业损失的补偿，根据房屋被征收前的效益、停产停业期限等因素确定。具体办法由省、自治区、直辖市制定。

一句话说法

政府对被征收人的补偿范围包括因房屋征收造成的停产停业的损失，但是关于如何补偿以及补偿多少，要根据该房屋的效益、停产停业期限等因素确定，不能少补偿也不会给予过多补偿，被征收人更不能以此对政府漫天要价。

19. 在个人住宅和临街商铺被征收时，政府会优先给予哪一方住房保障？

> 商铺被征收我就没有收入了，应优先给我住房保障。

> 房子被征收我可就没地方住了，应优先给我住房保障啊。

案例背景

　　大刘和小刘是一对亲兄弟，平日里两家人的关系非常要好。他们的父母在临终前立了一份遗嘱，将自己的一套二居室留给了没有住房的大刘，而将两间临街商铺留给了下岗待业的小刘。两兄弟对遗产分配倒也都没有什么意见，很快就办好了手续，各自用上了这两处房屋。可是，最近大刘和小刘却经常因为房屋征收的事吵架。原来是因为哥俩儿在该小区看到了一份政府的征收公告。大刘认为，自己家的房子被征收之后就没地方住了，而按照法律规定，自己家也符合住房保障条件，政府应该先给自己家住房保障。小刘觉得，自己在该小区的临街商铺开店，一旦小区被征收，店面就要停业，一家人就没有收入了。因此，政府应该优先给予临街商铺住房保障。为此，两兄弟天天争论不休，那么，究竟应该优先给予哪一方住房保障呢？是大刘家的个人住宅还是小刘家的临街商铺？

学法有疑

个人住宅和临街商铺都被征收，哪一方有权享有住房保障优先权呢？

法律讲堂

根据《国有土地上房屋征收与补偿条例》第十八条之规定，征收个人住宅，被征收人符合住房保障条件的，作出房屋征收决定的市、县级人民政府应当优先给予住房保障。具体办法由省、自治区、直辖市制定。由此可见，本案中，对符合住房保障条件的个人住宅被征收的居民，可以优先得到住房保障，不用等待轮候保障房，即应该优先给予大刘家住房保障。不仅《国有土地上房屋征收与补偿条例》有此规定，我国《民法典》中也有相关规定，该法第二百四十三条第三款中规定："征收组织、个人的房屋及其他不动产，应当依法给予征收补偿，维护被征收人的合法权益；征收个人住宅的，还应当保障被征收人的居住条件。"因此，大刘的说法是正确的，他享有住房保障优先权。

法律条文

《国有土地上房屋征收与补偿条例》

第十八条 征收个人住宅，被征收人符合住房保障条件的，作出房屋征收决定的市、县级人民政府应当优先给予住房保障。具体办法由省、自治区、直辖市制定。

《中华人民共和国民法典》

第二百四十三条第三款 征收组织、个人的房屋以及其他不动产，应当依法给予征收补偿，维护被征收人的合法权益；征收个人住宅的，还应当保障被征收人的居住条件。

一句话说法

对符合住房保障条件的个人住宅被征收的居民，确保其优先得到住房保障，这是法律对于居民住宅的重视，也是和谐社会保障被征收人合法权益的基本要求。

20. 所有权人已经在房屋上设定了抵押，房屋征收时会对补偿造成什么影响吗？

🔖 案例背景

董某白手起家，创办了自己的公司。公司经营得一直顺风顺水，近几年的利润也非常可观。于是，董某想扩大经营，迫于资金不足，向银行贷款 50 万元。银行经过审查后同意了董某的贷款申请，董某根据银行的要求，将自己位于郊区的一处老房子抵押给了银行，并进行了抵押登记。后该城市进行重新规划，要对董某抵押出去的房子进行征收。那么，根据该市的房屋征收补偿方案，董某既可以选择货币补偿，也可以选择房屋产权调换。董某想知道选择补偿方式的不同，对房屋抵押权有何不同的影响呢？

🔖 学法有疑

被征收房屋上设定有抵押权的，征收时会对补偿造成什么影响吗？

🔖 法律讲堂

根据《国有土地上房屋征收与补偿条例》第二十一条的规定，房屋征收补偿的方式可以选择货币补偿，也可以选择房屋产权调换。对于被征收房屋上设定抵押权的，在房屋征收补偿时会因被征收人选择的补偿方式的不同，而采取不同的处理方式。但是，无论采取何种方式，都要足以确保抵押权人的债权。本案中，如果董某选取不同的补偿方式，该房屋上设定的抵押权也会发生不同的处理方式。具体方案如下：

第一，采用货币补偿的方式。根据我国《民法典》第三百九十条的规定，担保期间，担保财产毁损、灭失或者被征收等，担保物权人可以就获得的保险金、赔偿金或者补偿金等优先受偿。具体到房屋征收的补偿金，享有抵押权的债权人优先于其他普通债权人受偿。本案中，在被征收人董某获得货币补偿后，抵押权人既可以对董某取得的补偿金优先受偿，也可以提存。

第二，采用房屋产权调换的方式。征收补偿也可以采取房屋产权调换的方式，双方根据补偿安置合同办理安置房屋所有权转移登记，同时办理抵押登记。根据我国《城市房地产抵押管理办法》第三十八条规定，因国家建设需要，将已设定抵押权的房地产列入拆迁范围的，抵押人应当及时书面通知抵押权人；抵押双方可以重新设定抵押房地产，也可以依法清理债权债务，解除抵押合同。这样，通过变更抵押登记，既对被征收人进行了补偿，又保护了抵押权人的利益。本案中，董某应当书面通知银行，之后双方可以重新设定抵押房地产，并办理抵押登记。

法律条文

《国有土地上房屋征收与补偿条例》

第二十一条第一款 被征收人可以选择货币补偿，也可以选择房屋产权调换。

《中华人民共和国民法典》

第三百九十条 担保期间，担保财产毁损、灭失或者被征收等，担保物权人可以就获得的保险金、赔偿金或者补偿金等优先受偿。被担保债权的履行期限未届满的，也可以提存该保险金、赔偿金或者补偿金等。

《城市房地产抵押管理办法》

第三十八条 因国家建设需要，将已设定抵押权的房地产列入拆迁范围的，抵押人应当及时书面通知抵押权人；抵押双方可以重新设定抵押房地产，也可以依法清理债权债务，解除抵押合同。

一句话说法

货币补偿和房屋产权调换作为征收补偿的两种方式,被征收人作出两种不同补偿方式的选择,其所对应的对抵押权人的义务也不同。但是,无论选择哪种征收补偿方式,抵押权人的权利都是受法律保护的。

21. 对于带有院落的房屋，政府是只补偿房屋而不补偿院落吗？

> 你的房子被划入征收范围，可得到相应补偿。

> 那我房前的这个院子，难道不评估补偿了吗？

案例背景

陈某和苏某是邻居，两家人的房子都是祖辈留下来的青砖瓦房。两所房子的室内面积也差不多。不同的是，陈某家的平房前有一个大院子，而苏某家却是临街住户，根本就没有院子。陈某和苏某是在陈某家的院子里一起玩着长大的。后来，县城要进行旧城改造，两家人的房子都被划入征收范围。陈某和苏某商量后决定选择货币补偿，拿到补偿款后到城区买新房子。后来，政府聘请的房屋评估机构来到她们家对其房屋进行评估。可是，令陈某不解的是，自家的院子并没有被评估，只有房屋和苏某家的住房一起被评估出相同的价值。陈某很不满，她认为这院子也是自己的，为什么就不被评估补偿呢？那么，被征收平房的院落在补偿范围内吗？

学法有疑

对于带有院落的房屋，征收时会补偿院落吗？

法律讲堂

依据《国有土地上房屋征收与补偿条例》第十七条的规定，征收房屋补偿范围主要包括如下三部分内容：（一）被征收房屋价值的补偿；（二）因征收房屋造成的搬迁、临时安置的补偿；（三）因征收房屋造成的停产停业损失的补偿。也就是说，《国有土地上房屋征收与补偿条例》并没有规定院子对应的土地也需要进行补偿。但是，对于带有院落的房屋，征收时真的任何补偿都没有吗？根据《国有土地上房屋征收评估办法》第十一条的规定，被征收房屋价值是指被征收房屋及其占用范围内的土地使用权在正常交易情况下，由熟悉情况的交易双方以公平交易方式在评估时点自愿进行交易的金额，但不考虑被征收房屋租赁、抵押、查封等因素的影响。因此，法律对占用土地使用权是有明确补偿的。对于不带院落的房屋和带院落的房屋，如果在征收的时候给予同等的对待，未免不符合公平的法律原则。当然，在对带有院落的房屋进行补偿的时候，应该在评估时根据房屋所有人对院落的使用情况，在对院落作出合理的补偿。因此，本案例中，当地房屋征收部门的做法确实存在不合理之处，他们应当对陈某的院落予以一定的合理补偿。

法律条文

《国有土地上房屋征收与补偿条例》

第十七条第一款 作出房屋征收决定的市、县级人民政府对被征收人给予的补偿包括：

（一）被征收房屋价值的补偿；

（二）因征收房屋造成的搬迁、临时安置的补偿；

（三）因征收房屋造成的停产停业损失的补偿。

《国有土地上房屋征收评估办法》

第十一条第一款 被征收房屋价值是指被征收房屋及其占用范围内的土地使用权在正常交易情况下，由熟悉情况的交易双方以公平交易方式在评估时点自愿进行交易的金额，但不考虑被征收房屋租赁、抵押、查封等因素的影响。

一句话说法

基于对公民私有财产的保护，法律对所有权人的被征房屋与附属院落应当给予相应补偿。考虑实际情况而对院落进行合理的评估补偿，这也是符合公平这一基本法律原则的。

被征收人权益　051

第 3 节　对被征收房屋的评估

22. 房屋被征收时，其补偿价值是如何确定的?

> 政府公布的市场价格太低，不符合市场行情。

> 公布的价格是评估机构按程序评估出来的。

案例背景

小文的老家在西部某山区，那里的风景秀美宜人。如果不是因为经济原因，小文一家人在老家的生活也是非常不错的。小文一家每年年初就纷纷外出务工了，只有过年时才会回老家住上几天。2019 年年底，小文回老家时，听说这里要建风景保护区，居民房屋都要被政府征收，征收方案都已经出来了。小文一家人得知消息后，都为将要领到的一大笔征收补偿款而感到高兴，小文更是一心在家里等着领征收补偿款，年后都没外出务工。几天后，征收部门根据补偿方案给小文计算出了具体的补偿费金额，但是与小文预想的数额差很多。小文一家对此不满意，希望政府能多给些补偿款。那么，究竟应当怎样计算被征收房屋的价值呢？

学法有疑

小文家的房屋价值应当如何确定呢？

法律讲堂

被征收房屋的价值不是由被征收人自己凭空确定的，也不是由政府征收部门随意拟定的，而是有着严格的法律规定的。《国有土地上房屋征收与补偿条例》第十九条第一款明确规定了被征收房屋补偿的标准：对被征收房屋价值的补偿，不得低于房屋征收决定公告之日被征收房屋类似房地产的市场价格。被征收房屋的价值，由具有相应资质的房地产价格评估机构按照房屋征收评估办法评估确定。因此，在确定小文家被征收的房屋的价值时，需要从两个方面着手：一是从实体上看，补偿的标准不得低于房屋征收决定公告之日被征收房屋类似房地产的市场价格；二是从程序上看，必须是以评估的结果为准。小文可以根据当时类似房屋的市场价格来估算自己家房屋的价值，但最终的补偿标准还得以评估机构评估出来的价值为准。

此外，根据《国有土地上房屋征收评估办法》第十三条、第十四条以及第十五条的规定，注册房地产估价师应当根据评估对象和当地房地产的市场状况，对市场法、收益法、成本法、假设开发法等评估方法进行适用性分析后，选用其中一种或者多种方法对被征收房屋价值进行评估。被征收房屋价值评估应当考虑被征收房屋的区位、用途、建筑结构、新旧程度、建筑面积以及占地面积、土地使用权等影响被征收房屋价值的因素。被征收房屋室内装饰装修价值，机器设备、物资等搬迁费用，以及停产停业损失等补偿，由征收当事人协商确定；协商不成的，可以委托房地产价格评估机构通过评估确定。房屋征收评估价值应当以人民币为计价的货币单位，精确到元。所以，房地产评估机构也不是随意评估被征收房屋价值的，其有着严格的评估方法和程序，会综合考虑影响房屋价值的各种因素，最终得出一个合理的房屋价值数额。当然，被征收人如果对评估结果有异议，法律也规定了相应的救济途径。

法律条文

《国有土地上房屋征收与补偿条例》

第十九条第一款 对被征收房屋价值的补偿，不得低于房屋征收决定公告之日被征收房屋类似房地产的市场价格。被征收房屋的价值，由具有相应资质的房地产价格评估机构按照房屋征收评估办法评估确定。

《国有土地上房屋征收评估办法》

第十三条第一款 注册房地产估价师应当根据评估对象和当地房地产市场状况，对市场法、收益法、成本法、假设开发法等评估方法进行适用性分析后，选用其中一种或者多种方法对被征收房屋价值进行评估。

第十四条 被征收房屋价值评估应当考虑被征收房屋的区位、用途、建筑结构、新旧程度、建筑面积以及占地面积、土地使用权等影响被征收房屋价值的因素。

被征收房屋室内装饰装修价值，机器设备、物资等搬迁费用，以及停产停业损失等补偿，由征收当事人协商确定；协商不成的，可以委托房地产价格评估机构通过评估确定。

第十五条 房屋征收评估价值应当以人民币为计价的货币单位，精确到元。

一句话说法

严格遵循被征收房屋价值评估的程序和标准，客观公正地确定被征收房屋价值，不但可以保障被征收人获得公平合理的征收补偿，也是确保征收工作顺利进行的必然要求。

23. 被征收房屋进行价值评估的，应该怎样选定评估机构？

案例背景

某县为了方便车辆通行，减轻当地交通压力，决定拓宽城区道路。为此，县政府需要征收道路两侧的部分住宅楼和商铺。县政府迅速成立了征收小组，并出台了征收补偿方案。在确定房屋补偿价值时，政府原计划召开听证会，由被征收户选定房地产价格评估机构，但考虑到被征收房屋众多，房屋类型、用途又各不相同，民众很难在短时间内决定出评估机构。于是，县政府为了加快征收进程，直接选定了一家具有资质的评估机构。当该评估机构开始进行评估工作时，大部分人才得知这一消息，纷纷对县政府的做法表示质疑。那么，房地产评估机构可以由县政府直接选定吗？评估机构的选定方式应该是怎样的？

学法有疑

县政府的做法对吗？房屋被征收时的评估机构应该如何确定呢？

法律讲堂

被征收房屋需要进行价值评估的，法律对于如何选定被征收房屋的评估机构的方式作出了明确的规定，给予了被征收人协商选择的权利。《国有土地上房屋征收与补偿条例》第二十条明确规定："房地产价格评估机构由被征收人协商选定；协商不成的，通过多数决定、随机选定等方式确定，具体办法由省、自治区、直辖市制定。房地产价格评估机构应当独立、客观、公正地开展房屋征收评估工作，任何单位和个人不得干预。"由此可见，由于房地产价格评估的结果直接关系到被征收人的切身利益。因此，法律规定应当由被征收人协商选定，其他组织和个人都不得干涉。本案中，县政府直接选定房地产价格评估机构的做法是不符合法律规定的，应该由所有的被征收人协商选定，如果这些被征收人协商不成，可以通过多数决定、随机选定等其他法定方式确定，但是无论采取何种方式确定，被征收人以外的其他组织机构和个人都是无权替被征收人决定的。

此外，《国有土地上房屋征收评估办法》第四条第一款也明确规定："房地产价格评估机构由被征收人在规定时间内协商选定；在规定时间内协商不成的，由房屋征收部门通过组织被征收人按照少数服从多数的原则投票决定，或者采取摇号、抽签等随机方式确定。具体办法由省、自治区、直辖市制定。"因此，只有被征收人才有权选定房地产价格评估机构，征收部门是无权替他们决定的。当然，被征收人选定评估机构时，也有一定的时间限制，一般情况下并不会影响征收工作的进度，征收部门不可以节约时间为由而违反法定程序。

法律条文

《国有土地上房屋征收与补偿条例》

第二十条 房地产价格评估机构由被征收人协商选定；协商不成的，通过多数决定、随机选定等方式确定，具体办法由省、自治区、直辖市制定。

房地产价格评估机构应当独立、客观、公正地开展房屋征收评估工作，任何单位和个人不得干预。

《国有土地上房屋征收评估办法》

第四条 房地产价格评估机构由被征收人在规定时间内协商选定；在规定时间内协商不成的，由房屋征收部门通过组织被征收人按照少数服从多数的原则投票决定，或者采取摇号、抽签等随机方式确定。具体办法由省、自治区、直辖市制定。

房地产价格评估机构不得采取迎合征收当事人不当要求、虚假宣传、恶意低收费等不正当手段承揽房屋征收评估业务。

一句话说法

基于公共利益的需要，国家有权征收公民的房屋，但在确定补偿价格时，因房屋价值评估与被征收人的利益密切相关，应当由被征收人选定的房地产价格评估机构进行评估定价。

24. 被征收房屋进行评估时的流程是什么，应如何评估？

案例背景

赵某今年已经23岁了，可还跟爷爷挤在一个屋子里生活。原来是赵某家里的经济条件非常不好，父亲又常年有病没有办法工作，赵某挣来的钱大部分都给父亲看病买药了。一家人根本就没有多余的钱置办新房，只好挤在爷爷当年分得的一套40多平方米的筒子楼里。前不久，赵某听说他们住的这个小区已经被政府列入旧城改造范围了，马上就会给他们一笔征收补偿款。为了确定具体的补偿数额，市政府要求被征收人选定房地产价格评估机构，对被征收的房屋进行价值评估。但是，赵某因为急等着用钱，就联合了几个邻居，向政府交了一份保证书，表示自己可以对自己的房屋进行评估，无须选定评估机构。该做法未获得市政府的同意。那么，对被征收房屋应该怎样进行评估？按照什么样的流程进行？

学法有疑

被征收房屋进行评估应当按照怎么样的流程进行呢？

法律讲堂

《国有土地上房屋征收与补偿条例》第十九条第一款规定："对被征收房屋价值的补偿，不得低于房屋征收决定公告之日被征收房屋类似房地产的市场价格。被征收房屋的价值，由具有相应资质的房地产价格评估机构按照房屋征收评估办法评估确定。"所以，赵某等人无权自主决定房屋价值，必须由具有相应资质的房地产评估机构按照房屋征收评估办法进行评估确定。

被征收人选定房地产价值评估机构后，评估机构进行房屋评估时也应当按照一定的流程进行。根据《国有土地上房屋征收评估办法》的规定，房屋评估的一般流程为：(1) 被征收人在规定时间内协商选定房地产价格评估机构。(2) 一般由房屋征收部门作为委托人,向房地产价格评估机构出具房屋征收评估委托书,并与其签订房屋征收评估委托合同。(3) 房地产价格评估机构安排注册房地产估价师对被征收房屋进行实地查勘,调查被征收房屋状况。注册房地产估价师对多种评估方法进行适用性分析后,选用其中一种或者多种方法对被征收房屋价值进行评估。(4) 房地产价格评估机构依约向房屋征收部门提供分户的初步评估结果,房屋征收部门对初步评估结果予以公示,在公示期间,房地产价格评估机构负责进行现场说明解释。(5) 分户初步评估结果公示期满后,房地产价格评估机构向房屋征收部门提供委托评估范围内被征收房屋的整体评估报告和分户评估报告。房屋征收部门应当向被征收人转交分户评估报告。被征收人对此没有异议后,签订房屋征收补偿协议。

法律条文

《国有土地上房屋征收与补偿条例》

第十九条第一款 对被征收房屋价值的补偿,不得低于房屋征收决定公告之日被征收房屋类似房地产的市场价格。被征收房屋的价值,由具有相应资质的房地产价格评估机构按照房屋征收评估办法评估确定。

《国有土地上房屋征收评估办法》

第四条第一款 房地产价格评估机构由被征收人在规定时间内协商选定;在规定时间内协商不成的,由房屋征收部门通过组织被征收人按照少数服从多数的原则投票决定,或者采取摇号、抽签等随机方式确定。具体办法由省、自治区、直辖市制定。

第六条第一款 房地产价格评估机构选定或者确定后,一般由房屋征收部门作为委托人,向房地产价格评估机构出具房屋征收评估委托书,并与其签订房屋征收评估委托合同。

第十六条 房地产价格评估机构应当按照房屋征收评估委托书或者委托合同的约定,向房屋征收部门提供分户的初步评估结果。分户的初步评估结果应当包括评估对象的构成及其基本情况和评估价值。房屋征收部门应当将分户的初步评估结果在征收范围内向被征收人公示。

公示期间，房地产价格评估机构应当安排注册房地产估价师对分户的初步评估结果进行现场说明解释。存在错误的，房地产价格评估机构应当修正。

第十七条第一款 分户初步评估结果公示期满后，房地产价格评估机构应当向房屋征收部门提供委托评估范围内被征收房屋的整体评估报告和分户评估报告。房屋征收部门应当向被征收人转交分户评估报告。

一句话说法

房屋征收补偿款是被征收人最为关心的问题，征收部门必须做到公开、公平、公正。从法律上对被征收房屋补偿的原则以及评估办法加以确定，既能够有效降低矛盾和纠纷等问题的产生，也能保障房屋征收工作的顺利进行。

25. 如何区分合法建筑、违法建筑、临时建筑？在征收补偿上会有所不同吗？

案例背景

为方便当地群众生活，某地政府决定扩建当地的农贸市场。该农贸市场涉及的被征收户有三十几家，征收部门在完成了前期工作后，开始确定被征收人应得到的补偿款。在对房屋价值进行评估后，政府向他们分发了评估报告。刘某某看到评估报告后非常不满，明明自己的商铺面积跟隔壁崔某的差不多，为什么崔某得到了一大笔补偿款，而自己却没有得到补偿款。征收工作人员告知其商铺是违法建筑，不能予以补偿。刘某某更是疑惑了，自己的房子怎么就是违法建筑了，崔某临街搭建的一个板房都能补偿，自己的房子可是一砖一瓦盖起来的，为什么就不在补偿范围内呢？那么，法律意义上的合法建筑、违法建筑和临时建筑分别是什么？依法应给予补偿的建筑包括哪些？

学法有疑

刘某某的商铺应当得到补偿吗？依法纳入补偿范围的建筑都有哪些呢？

法律讲堂

所谓合法建筑，是指依照建筑法等有关法律法规，在施工前已经取得建设、土地、规划等主管部门的批准，或者施工后补办了相关批准证书、权属证书的建筑物和构筑物；违法建筑，是指未取得建设、土地、规划等主管部门的批准而擅自建设的，或采取欺骗手段骗取批准而占地新建、扩建和改建的建筑物和构筑物；临时建筑，是指单位和个人因生产、生活需要临时建造使用，而搭建的结构简易并在规定期限内必须拆除的建筑物、构筑物或其他设施。临时性建筑不采用现浇钢筋混凝土等永久性结构形式。在本案中，崔某用来做生意而临时搭建的活动板房即属于临时建筑。

对于合法建筑、违法建筑和临时建筑，在被征收时，应当根据建筑物或构筑物的性质作出是否予以补偿的决定。根据《国有土地上房屋征收与补偿条例》第十六条第一款及第二十四条第二款的规定，房屋征收范围确定后，不得在房屋征收范围内实施新建、扩建、改建房屋和改变房屋用途等不当增加补偿费用的行为；违反规定实施的，不予补偿。市、县级人民政府作出房屋征收决定前，应当组织有关部门依法对征收范围内未经登记的建筑进行调查、认定和处理。对认定为合法建筑和未超过批准期限的临时建筑的，应当给予补偿；对认定为违法建筑和超过批准期限的临时建筑的，不予补偿。

本案中，由于刘某某的商铺在建筑时就已经违反了相关法律法规的规定，属于违法建筑。因此，刘某某无法获得补偿。

📖 法律条文

《国有土地上房屋征收与补偿条例》

第十六条第一款 房屋征收范围确定后，不得在房屋征收范围内实施新建、扩建、改建房屋和改变房屋用途等不当增加补偿费用的行为；违反规定实施的，不予补偿。

第二十四条 市、县级人民政府及其有关部门应当依法加强对建设活动的监督管理，对违反城乡规划进行建设的，依法予以处理。

市、县级人民政府作出房屋征收决定前，应当组织有关部门依法对征收范围内未经登记的建筑进行调查、认定和处理。对认定为合法建筑和未超过批准期限的临时建筑的，应当给予补偿；对认定为违法建筑和超过批准期限的临时建筑的，不予补偿。

一句话说法

政府进行房屋征收工作前,应当首先确定征收范围内的建筑物的性质,对于合法建筑以及在使用期限内的临时建筑,应当划入征收补偿范围,而对于违反城乡规划建造的违法房屋,不但不应补偿,还应当依法予以处理。

26. 房地产评估机构确定后,与其签订评估合同的主体应当是谁?

案例背景

随着居民收入水平的提高,家用轿车的数量也与日俱增,这就有可能造成城市道路交通拥堵的现象。某地为了缓解城市交通压力,决定扩建主城区的主要交通道路。当地政府部门进行整体规划后,作出了整改方案,其中需要对部分居民区进行征收。当地政府按照法定程序作出了征收决定和方案,并依法予以公告。被征收人也积极响应政府的号召,很快就选定了房地产评估机构。那么,在房地产评估机构确定后,按照我国法律规定,应由谁与房地产评估机构签订合同呢?

学法有疑

应该由被征收人还是征收部门与房地产评估机构签订评估合同呢?

法律讲堂

房屋征收工作中,通常会涉及两个不同的利益主体,一个是政府征收部门,一个是被征收人。那么,当房地产评估机构被选定或确定后,应由谁作为委托人与房地产评估机构签订合同呢?按照《国有土地上房屋征收评估办法》第六条的规定,房地产价格评估机构选定或者确定后,一般由房屋征收部门作为委托人,向房地产价格评估机构出具房屋征收评估委托书,并与其签订房屋征收评估委托合同。房屋征收评估委托书应当载明委托人的名称、委托的房地产价格评估机构的名称、评估目的、评估对象范围、评估要求以及委托日期等内容。由此可知,应由房屋征收部门作为委托人向房地产价格评估机构出具并签订委托合同。

法律条文

《国有土地上房屋征收评估办法》

第六条第一款、第二款 房地产价格评估机构选定或者确定后，一般由房屋征收部门作为委托人，向房地产价格评估机构出具房屋征收评估委托书，并与其签订房屋征收评估委托合同。

房屋征收评估委托书应当载明委托人的名称、委托的房地产价格评估机构的名称、评估目的、评估对象范围、评估要求以及委托日期等内容。

一句话说法

在进行房屋征收工作时，由政府征收部门作为委托人与房地产价格评估部门签订委托合同，但房地产价格评估机构不得再转让或者变相转让受托的房屋征收评估业务。

27. 被征收人对房屋评估价值有异议的应该怎么办？

现在还可以对估价结果提出异议吗？

按程序，异议应当在收到估价报告10日内提出。

案例背景

为解决居民住房压力，打造民心工程，某县政府决定将县城南侧一处平房区改建为居民保障房。该政策一出台就得到了当地群众的积极响应，平房区的住户们更是积极配合政府的征收工作。征收部门根据被征收人的选择，依法确定了房地产价格评估机构。评估机构很快就完成了评估工作，向征收部门出具了整体评估报告和分户评估报告。可当被征收的住户们拿到评估分户报告时，却对该报告非常不满，普遍认为评估机构评估的房屋价值太低，他们无法接受。那么，这些住户应该怎么办呢？他们可以向房地产价格评估机构申请复核评估吗？

学法有疑

被征收人对评估报告有异议时应当怎么办？

法律讲堂

被征收人对房地产价格评估机构出具的评估结果有异议的，依法向评估机构申请复核评估。根据《国有土地上房屋征收评估办法》第二十条、第二十一条的规定，对评估确定的被征收房屋价值有异议的，应当自收到评估报告之日起10日内，向房地产价格评估机构申请复核评估。申请复核评估的，应当向原房地产价格评估机构提出书面复核评估申请，并指出评估报告存在的问题。原房地产价格评估机构应当自收到书面复核评估申请之日起10日内对评估结果进行复核。复核后，改变原评估结果的，应当重新出具评估报告；评估结果没有改变的，应当书面告知复核评估申请人。

当然，如果被征收人对复核结果仍有异议的，按照《国有土地上房屋征收评估办法》第二十二条的规定，法律还赋予了被征收人权利救济的方式。即对复核结果有异议的，应当自收到复核结果之日起10日内，向房地产价格评估专家委员会申请鉴定。

法律条文

《国有土地上房屋征收评估办法》

第二十条 被征收人或者房屋征收部门对评估结果有异议的，应当自收到评估报告之日起10日内，向房地产价格评估机构申请复核评估。

申请复核评估的，应当向原房地产价格评估机构提出书面复核评估申请，并指出评估报告存在的问题。

第二十一条 原房地产价格评估机构应当自收到书面复核评估申请之日起10日内对评估结果进行复核。复核后，改变原评估结果的，应当重新出具评估报告；评估结果没有改变的，应当书面告知复核评估申请人。

第二十二条 被征收人或者房屋征收部门对原房地产价格评估机构的复核结果有异议的,应当自收到复核结果之日起 10 日内,向被征收房屋所在地评估专家委员会申请鉴定。被征收人对补偿仍有异议的,按照《国有土地上房屋征收与补偿条例》第二十六条规定处理。

《国有土地上房屋征收与补偿条例》

第二十六条 房屋征收部门与被征收人在征收补偿方案确定的签约期限内达不成补偿协议,或者被征收房屋所有权人不明确的,由房屋征收部门报请作出房屋征收决定的市、县级人民政府依照本条例的规定,按照征收补偿方案作出补偿决定,并在房屋征收范围内予以公告。

补偿决定应当公平,包括本条例第二十五条第一款规定的有关补偿协议的事项。

被征收人对补偿决定不服的,可以依法申请行政复议,也可以依法提起行政诉讼。

一句话说法

被征收人对房地产价格评估机构作出的评估报告存在异议时,有权申请复核评估。对复核结果仍有异议的,还可以申请专家鉴定。在此基础上仍旧无法达成征收补偿协议的,由征收部门依法作出征收补偿决定。对此决定,被征收人有权提出行政复议或诉讼,以维护自己的合法权益。

28. 对房屋价值评估有异议需鉴定时,鉴定专家组由谁负责组织,其成员应怎样构成?

案例背景

方女士的父母一直住在老宅,那里交通还算便利,离医院和市场都很近,老两口生活得倒也习惯。但是老宅距离方女士的居所有点远,不方便方女士照顾两位老人。可无论方女士怎么劝说,两位老人都不愿意搬来跟方女士同住。前不久,方女士父母所住的老宅一带被政府依法征收,方女士的父母这才住到方女士家中。两位老人觉得那处房子非常值钱,还打算等政府给了征收补偿款后,再在方女士居住的小区附近买一套房子。可评估结果出来后,远没有二老估价那么高。于是,方女士按照父母的意思申请了复核评估,可评估机构还是坚持了原来的意见。方女士遂准备对复核结果申请鉴定。方女士唯一担心的是专家的专业水平,不知专家组成员是如何构成的。那么,按照法律规定,负责鉴定的专家组成员是如何构成的呢?

学法有疑

鉴定专家组由谁负责组织,其成员应怎样构成?

法律讲堂

根据《国有土地上房屋征收与补偿条例》第十九条的规定,被征收人对被征收房屋价值复核评估有异议的,可以向房地产价格评估专家委员会申请鉴定。对于鉴定专家组的组织及人员构成,我国《国有土地上房屋征收评估办法》第二十三条及第二十四条作出了明确的规定,各省、自治区住房城乡建设主管部门和设区城市的房地产管理部门应当组织成立评估专家委员会,对房地产价格评估机构做出的复核结果进行鉴定。评估专家委员会由房地产估价师以及价格、房地产、土地、城市规划、法律等方面的专家组成。评估专家委员会应当选派成员组成专家组,对复核结果进行鉴定。专家组成员为3人以上单数,其中房地产估价师不得少于二分之一。因此,本案中的方女士无须担心鉴定专家组的成员专业水平,如果其依法申请了专家鉴定,那么,接受申请的专家委员会就会依法选派3名以上单数成员组建专家组,其中房地产估价师不得少于专家组全员的二分之一。

法律条文

《国有土地上房屋征收与补偿条例》

第十九条第二款 对评估确定的被征收房屋价值有异议的,可以向房地产价格评估机构申请复核评估。对复核结果有异议的,可以向房地产价格评估专家委员会申请鉴定。

《国有土地上房屋征收评估办法》

第二十三条 各省、自治区住房城乡建设主管部门和设区城市的房地产管理部门应当组织成立评估专家委员会，对房地产价格评估机构做出的复核结果进行鉴定。

评估专家委员会由房地产估价师以及价格、房地产、土地、城市规划、法律等方面的专家组成。

第二十四条 评估专家委员会应当选派成员组成专家组，对复核结果进行鉴定。专家组成员为3人以上单数，其中房地产估价师不得少于二分之一。

一句话说法

房地产价格评估工作本身就是一项专业性非常强的工作，被征收人对其出具的评估结果有异议，进而申请专家鉴定的，鉴定专家组的成员须严格按照法律规定的估价师、法律方面的专家等组成。同时，为保证鉴定结果的真实有效性，法律对其成员人数也有严格的规定。

29. 征收部门有权要求房地产价格评估机构对评估报告的相关问题进行解释吗?

> 我们是严格按程序做的评估,结果肯定可靠,没有必要再解释。

> 解释说明是你的法定义务。

案例背景

某市政府为推动当地城市化进程,决定将北部郊区改造成该市的卫星城。经过一系列的调研、规划、审批等工作,该项目于2019年冬天启动实施。该市政府面临的第一项工作就是北部郊区居民房屋的征收。前期工作进行得很顺利,被征收人很快就按法律规定选出了房地产价格评估机构。可评估报告提交后,市政府发现报告中前段所用的数据与得出结论的数据似乎不一致,于是要求该机构进行解释说明。但当日值班的工作人员答复政府,他们是严格按照程序进行的评估,不存在违法的情况,评估结果是可靠的,没有必要进行解释。那么,房地产评估机构有义务就评估报告的有关问题进行解释说明吗?

学法有疑

征收部门有权要求房地产价格评估机构对评估报告的相关问题进行解释吗？

法律讲堂

房地产价格评估机构选定或者确定后，房屋征收部门作为委托人与房地产价格评估机构签订房屋征收评估委托合同。我国《民法典》第五百零九条规定："当事人应当按照约定全面履行自己的义务。当事人应当遵循诚信原则，根据合同的性质、目的和交易习惯履行通知、协助、保密等义务。"因此，房地产评估机构应全面履行约定义务，对于委托人提出的问题应当进行解释说明。根据《国有土地上房屋征收评估办法》第十九条的规定，"被征收人或者房屋征收部门对评估报告有疑问的，出具评估报告的房地产价格评估机构应当向其作出解释和说明"。由此可知，依法对被征收房屋进行价值评估，在必要时对被征收房屋的评估报告进行解释和说明是房地产价格评估机构的法定义务。

法律条文

《中华人民共和国民法典》

第五百零九条 当事人应当按照约定全面履行自己的义务。

当事人应当遵循诚信原则，根据合同的性质、目的和交易习惯履行通知、协助、保密等义务。

当事人在履行合同过程中，应当避免浪费资源、污染环境和破坏生态。

《国有土地上房屋征收评估办法》

第十九条 被征收人或者房屋征收部门对评估报告有疑问的，出具评估报告的房地产价格评估机构应当向其作出解释和说明。

一句话说法

对于评估报告存有异议的,房地产价格评估机构应进行解释说明。这是评估机构的一项法定义务。同时,基于评估委托合同法律关系,被委托人应全面履行通知、协助等义务。

30. 选择不同的征收补偿方式会影响被征收房屋的评估目的吗？

案例背景

某县近几年来商业活动中心逐渐向南发展，南部新城非常繁华，而北部老城区却日渐没落。该县政府决定征收、改造北部老城区，建立两个商业活动圈。政府规划出台后，老城区周围的居民都非常赞成，希望能够早日拿到征收补偿款。可看完政府的征收方案后，居民们才得知，原来还需要委托房地产价格评估机构对自己的房屋进行价值评估，同时还了解到，原来并非只有拿补偿款一种征收补偿方式，还可以选择房产调换。大家对这些情况都不太了解，不知道该如何选择补偿方式，更不知道如果选择的补偿方式不同，是否会对评估机构的评估目的产生不同的影响？

学法有疑

被征收人选择的补偿方式不同，房地产价格评估机构进行评估时的目的是否也有所不同呢？

法律讲堂

《国有土地上房屋征收与补偿条例》第二十一条规定，被征收人可以选择货币补偿，也可以选择房屋产权调换。被征收人选择房屋产权调换的，市、县级人民政府应当提供用于产权调换的房屋，并与被征收人计算、结清被征收房屋价值与用于产权调换房屋价值的差价。同时，根据《国有土地上房屋征收与补偿条例》第十九条的规定，对被征收房屋价值的补偿，不得低于房屋征收决定公告之日被征收房屋类似房地产的市场价格。由此可见，被征收人选择货币补偿的，重点就在于评估房产的价值；被征收人选择房屋产权调换的，重点应是计算被征收房屋与调换房屋之间的价值差价。也就是说，对于被征收人选择的补偿方式不同，房屋评估机构对被征收房屋评估目的也有区别，在评估目的表述上也就存在不同。

根据《国有土地上房屋征收评估办法》第八条的规定，被征收房屋价值评估目的应当表述为"为房屋征收部门与被征收人确定被征收房屋价值的补偿提供依据，评估被征收房屋的价值"。而用于产权调换房屋价值评估目的应当表述为"为房屋征收部门与被征收人计算被征收房屋价值与用于产权调换房屋价值的差价提供依据，评估用于产权调换房屋的价值"。该法条明确了被征收人因选择的补偿方式不同，其房屋在评估时的评估目的也就不同。但是，无论选择何种补偿方式，无论评估目的有何不同，征收部门和评估机构都应保证被征收人的合法利益。

法律条文

《国有土地上房屋征收与补偿条例》

第十九条第一款 对被征收房屋价值的补偿，不得低于房屋征收决定公告之日被征收房屋类似房地产的市场价格。被征收房屋的价值，由具有相应资质的房地产价格评估机构按照房屋征收评估办法评估确定。

第二十一条第一款、第二款 被征收人可以选择货币补偿，也可以选择房屋产权调换。

被征收人选择房屋产权调换的，市、县级人民政府应当提供用于产权调换的房屋，并与被征收人计算、结清被征收房屋价值与用于产权调换房屋价值的差价。

《国有土地上房屋征收评估办法》

第八条 被征收房屋价值评估目的应当表述为"为房屋征收部门与被征收人确定被征收房屋价值的补偿提供依据，评估被征收房屋的价值"。

用于产权调换房屋价值评估目的应当表述为"为房屋征收部门

与被征收人计算被征收房屋价值与用于产权调换房屋价值的差价提供依据,评估用于产权调换房屋的价值"。

一句话说法

被征收人有权选择不同的征收补偿方式,但其应得的补偿款项不会因为补偿方式选择的不同而受到影响。不过,由于补偿方式的不同,房地产评估机构对房屋进行评估时的目的也就不同,相应地会产生具体评估方式、使用数据、评估侧重等方面的区别,以求更准确合理地评估房屋价值。

31. 评估机构应当采用哪些方法对被征收房屋进行价值评估呢？

案例背景

河北某地因历史文化悠久，古村落和古建筑保存较为完整，当地政府决定开发当地的人文旅游资源，建设文化风景区。为此，需要征收该地部分居民的住宅和商铺。经过严密的论证和广泛征求社会意见后，该地政府公布了征收公告和补偿方案。当地居民在选定房地产价格评估机构时就一直纷纷议论，被征收的房屋有住宅，也有商铺；有新建的，也有祖辈留下来的；有临街的，也有在深巷中的，评估机构该怎么评估这些房屋的价值呢？他们会采用哪些方法进行评估呢？

学法有疑

房地产价格评估机构评估房屋价值时都会采取哪些方法呢？

法律讲堂

正如案例中被征收人的疑惑，被征收房屋的情况确实各有不同。因此，房地产评估机构在对被征收房屋进行价值评估的时候，必须考虑多种因素的影响，综合被征收房屋的各种情况采用不同的评估方法。根据《国有土地上房屋征收评估办法》第十三条的规定，注册房地产估价师应当根据评估对象和当地房地产市场状况，对市场法、收益法、成本法、假设开发法等评估方法进行适用性分析后，选用其中一种或者多种方法对被征收房屋价值进行评估。

具体而言，被征收房屋的类似房地产有交易的，应当选用市场法评估；被征收房屋或者其类似房地产有经济收益的，应当选用收益法评估；被征收房屋是在建工程的，应当选用假设开发法评估。

可以同时选用两种以上评估方法评估的，应当选用两种以上评估方法评估，并对各种评估方法的测算结果进行校核和比较分析后，合理确定评估结果。房屋价值的确定不是一个简单的加和计算，而是一项复杂的工作。估算房屋价值时不仅要考虑到地理位置、房屋面积、装修情况、使用及维护情况等静态因素，也要考虑到将来可能产生的收益等动态因素。评估师必须在充分了解评估房屋的状况后，从市场法、收益法、成本法、假设开发法等多种评估方法中，选用一种或者多种合适的方法进行综合评估。

法律条文

《国有土地上房屋征收评估办法》

第十三条　注册房地产估价师应当根据评估对象和当地房地产市场状况，对市场法、收益法、成本法、假设开发法等评估方法进行适用性分析后，选用其中一种或者多种方法对被征收房屋价值进行评估。

被征收房屋的类似房地产有交易的，应当选用市场法评估；被征收房屋或者其类似房地产有经济收益的，应当选用收益法评估；被征收房屋是在建工程的，应当选用假设开发法评估。

可以同时选用两种以上评估方法评估的，应当选用两种以上评估方法评估，并对各种评估方法的测算结果进行校核和比较分析后，合理确定评估结果。

一句话说法

房屋的价值受其面积、装修情况、地理位置、未来收益等多种因素的影响。因此，多数情况下，在评估房屋价值时不能只用某一种方法确定，应当根据房屋的整体状况，从市场法、收益法、成本法、假设开发法等多种评估方法中，选用其中一种或多种方法综合进行评估，合理确定房屋价值。

32. 房屋价值评估时应如何确定被征收房屋的基本情况?

> 给的钱也太少了吧。

> 你房子什么证没有,要是按非法建筑拆除,你一分钱也没有。

案例背景

某市政府为改进市容市貌,决定启动旧城改造项目。按照规划方案确定的征收范围,被征收的房屋几乎都是20世纪七八十年代建造的。由于当时登记制度的不完善,再加上人们不够重视,许多房屋要么就是没有房屋权属证书,要么就是房主丢失了房屋权属证书。而且即使拥有房屋权属证书,在经历了这么多年后,许多房屋的结构与完工时相比,已有明显的变化,这就与房管局登记的信息存在很大出入。那么,面对这样的情况,房屋征收部门应当怎么做,如何才能确定被征收房屋的基本情况呢?

学法有疑

被征收房屋的基本情况应当如何确定？房屋征收部门应当怎样进行工作？

法律讲堂

在评估被征收房屋的价值时，首先必须确定被征收房屋的性质、权属、面积等基本情况，这些都属于房屋征收部门的工作范围，房屋征收部门应当以此为依据并结合评估结果，最终确定房屋征收的具体补偿款。那么，被征收房屋的基本情况应当如何确定呢？根据《国有土地上房屋征收与补偿条例》第十五条及第十六条的规定，房屋征收部门应当对房屋征收范围内房屋的权属、区位、用途、建筑面积等情况组织调查登记，被征收人应当予以配合。调查结果应当在房屋征收范围内向被征收人公布。房屋征收范围确定后，不得在房屋征收范围内实施新建、扩建、改建房屋和改变房屋用途等不当增加补偿费用的行为；违反规定实施的，不予补偿。

同时，《国有土地上房屋征收评估办法》第九条第二款和第三款规定："房屋征收部门应当向受托的房地产价格评估机构提供征收范围内房屋情况，包括已经登记的房屋情况和未经登记建筑的认定、处理结果情况。调查结果应当在房屋征收范围内向被征收人公布。对于已经登记的房屋，其性质、用途和建筑面积，一般以房屋权属证书和房屋登记簿的记载为准；房屋权属证书与房屋登记簿的记载不一致的，除有证据证明房屋登记簿确有错误外，以房屋登记簿为准。对于未经登记的建筑，应当按照市、县级人民政府的认定、处理结果进行评估。"所以，本案中，房屋征收部门应当对被征收的房屋进行调查，对征收范围内的房屋的基本情况进行调查登记。对已经登记的房屋的情况，一般以房产证和房屋登记簿的记载为准；对未登记的建筑物应当由市政府进行认定、处理，依据市政府的认定处理结果确定是否给予补偿。

法律条文

《国有土地上房屋征收与补偿条例》

第十五条 房屋征收部门应当对房屋征收范围内房屋的权属、区位、用途、建筑面积等情况组织调查登记,被征收人应当予以配合。调查结果应当在房屋征收范围内向被征收人公布。

第十六条第一款 房屋征收范围确定后,不得在房屋征收范围内实施新建、扩建、改建房屋和改变房屋用途等不当增加补偿费用的行为;违反规定实施的,不予补偿。

《国有土地上房屋征收评估办法》

第九条第二款、第三款 房屋征收部门应当向受托的房地产价格评估机构提供征收范围内房屋情况,包括已经登记的房屋情况和未经登记建筑的认定、处理结果情况。调查结果应当在房屋征收范围内向被征收人公布。

对于已经登记的房屋,其性质、用途和建筑面积,一般以房屋权属证书和房屋登记簿的记载为准;房屋权属证书与房屋登记簿的记载不一致的,除有证据证明房屋登记簿确有错误外,以房屋登记簿为准。对于未经登记的建筑,应当按照市、县级人民政府的认定、处理结果进行评估。

一句话说法

房产价值的评估一般以不动产登记簿记载的房屋情况为准,在进行房屋征收补偿工作时,征收部门也应当以此作为征收补偿的依据,以确定具体的补偿数额。

33. 被征收房屋存在租赁、抵押的情况，其评估价值会因此受到影响吗？

> 我的房子租出去了，还办了抵押，对评估有影响吗？

> 不影响评估结果，但是你要及时告诉抵押权人和租户。

📞 案例背景

董某大学毕业后选择回老家创业。创业之初由于没有资金支持，董某将父母留给自己的一套房屋做抵押，贷款成立了自己的公司。公司成立后，发展形势非常不错，公司利润也逐渐增加。于是，董某在县城买了一套三居室。本来，董某打算把那套老房子卖了，可想着还款期限还没有到，便将房子租了出去。不久之后，县政府发布了一份房屋征收公告，董某的房子恰巧就在征收范围内。董某觉得征收补偿可以作为扩大公司规模的周转资金，但是他又担心自己的房子办了抵押，又租给了别人住，会不会因此而影响房屋的评估价值呢？

学法有疑

被征收房屋上存在抵押、租赁等情况的，会影响房屋的评估价值吗？

法律讲堂

房屋征收补偿的对象是被征收房屋的所有权人，无论被征收房屋上存在抵押、租赁，还是查封等情形，只要房屋的所有权人没有发生改变，那么，补偿款就应当属于房屋所有权人，即被征收人。对于被征收房屋上存在的抵押、租赁等情形，《国有土地上房屋征收评估办法》第十一条规定："被征收房屋价值是指被征收房屋及其占用范围内的土地使用权在正常交易情况下，由熟悉情况的交易双方以公平交易方式在评估时点自愿进行交易的金额，但不考虑被征收房屋租赁、抵押、查封等因素的影响。前款所述不考虑租赁因素的影响，是指评估被征收房屋无租约限制的价值；不考虑抵押、查封因素的影响，是指评估价值中不扣除被征收房屋已抵押担保的债权数额、拖欠的建设工程价款和其他法定优先受偿款。"因此，本案中，董某是房屋的所有权人，其依法取得房屋的征收补偿款。该房屋上存在的抵押、租赁等情形并不会影响房屋的评估价值。但是，需要注意的是，董某应当将这种情况及时告知抵押权人和承租人，以确保他们的相关权益不受损害。

法律条文

《国有土地上房屋征收与补偿条例》

第二条 为了公共利益的需要，征收国有土地上单位、个人的房屋，应当对被征收房屋所有权人（以下称被征收人）给予公平补偿。

《国有土地上房屋征收评估办法》

第十一条 被征收房屋价值是指被征收房屋及其占用范围内的土地使用权在正常交易情况下，由熟悉情况的交易双方以公平交易方式在评估时点自愿进行交易的金额,但不考虑被征收房屋租赁、抵押、查封等因素的影响。

前款所述不考虑租赁因素的影响,是指评估被征收房屋无租约限制的价值;不考虑抵押、查封因素的影响,是指评估价值中不扣除被征收房屋已抵押担保的债权数额、拖欠的建设工程价款和其他法定优先受偿款。

一句话说法

被征收房屋的价值评估只会受到该房屋本身的因素影响,如房屋的位置、用途、装修、使用情况等,而租赁、抵押等情况并不会实际影响房屋的市场价值。因此,被征收房屋存在租赁、抵押的情况也就不是房屋评估时应当考虑的因素了。

34. 法律意义上的"被征收房屋类似房地产"一词是怎样界定的?

> 什么是不低于"被征收房屋类似房地产"的市场价格呢?

> 应该是不能低于区位、面积、新旧等有差不多的房屋价格,具体应该要有资质的专业机构来评估。

📞 案例背景

齐大爷平时非常喜欢看新闻,对社会上的新名词、新事物都十分了解。再加上齐大爷也非常乐于助人。因此,小区的大爷大妈有不懂的事情,第一个就会找齐大爷帮忙解决。2019年初春,齐大爷所住小区的大爷大妈们纷纷来到齐大爷家中,要找齐大爷商量一件大事。原来,他们所在的小区被政府划入了征收范围,在看征收公告时,大家对其中一句"对被征收房屋价值的补偿,不得低于房屋征收决定公告之日被征收房屋类似房地产的市场价格"非常不理解,特别是"被征收房屋类似房地产"一词。齐大爷看了后,认为应当是这个小区附近的,与自己房屋的使用面积、地理位置、房屋结构及新旧程度都差不多的房屋。那么，齐大爷对这句规定的理解正确吗？法律又是如何具体规定"被征收房屋类似房地产"这一情况的呢？

学法有疑

齐大爷对"被征收房屋类似房地产"一词的理解正确吗？

法律讲堂

《国有土地上房屋征收与补偿条例》第十九条规定，对被征收房屋价值的补偿，不得低于房屋征收决定公告之日被征收房屋类似房地产的市场价格。这一规定明确了被征收房屋价值评估的标准和依据。可是，应该怎样理解"被征收房屋类似房地产"一词呢？法律又有何规定呢？

根据《国有土地上房屋征收评估办法》第三十条的规定，被征收房屋的类似房地产是指与被征收房屋的区位、用途、权利性质、档次、新旧程度、规模、建筑结构等相同或者相似的房地产。被征收房屋类似房地产的市场价格是指被征收房屋的类似房地产在评估时点的平均交易价格。确定被征收房屋类似房地产的市场价格，应当剔除偶然的和不正常的因素。因此，齐大爷的理解是正确的。他们可以事先了解一下与自己房屋的区位、用途、权利性质、档次、新旧程度、规模、建筑结构等相同或者相似的房地产，以类似房地产的交易价格估算一下自己房产的大概价值，但这些只是作为补偿价格的一个参考，并非最终定数。确定被征收房屋类似房地产的市场价格时，还应当排除其中的偶然因素和非正常因素，由具有资质的房地产价格评估机构进行价值评估。

法律条文

《国有土地上房屋征收与补偿条例》

第十九条第一款 对被征收房屋价值的补偿，不得低于房屋征收决定公告之日被征收房屋类似房地产的市场价格。被征收房屋的价值，由具有相应资质的房地产价格评估机构按照房屋征收评估办法评估确定。

《国有土地上房屋征收评估办法》

第三十条　被征收房屋的类似房地产是指与被征收房屋的区位、用途、权利性质、档次、新旧程度、规模、建筑结构等相同或者相似的房地产。

被征收房屋类似房地产的市场价格是指被征收房屋的类似房地产在评估时点的平均交易价格。确定被征收房屋类似房地产的市场价格，应当剔除偶然的和不正常的因素。

一句话说法

所谓"被征收房屋类似房地产"，就是指符合法律规定的要素与被征收房屋高度相似的房屋。类似房地产的交易价格可用于估算被征收房屋的价值，也可用来验证已估价的房屋的评估结果是否合理。

35. 评估机构作出评估报告时，应依据怎样的步骤进行？又有哪些注意事项呢？

案例背景

某县城近几年发展得非常迅速，居民的收入水平大幅度提升，随之而来的就是居民消费水平的提升。当地原有的集市已经无法满足人们的购物消费需求。因此，当地政府决定拆除原有的贸易市场，建立新型现代化购物中心。为了满足一定规模的设计要求，原有贸易市场附近的一栋居民楼被划入征收范围。小区居民共同选定了房地产价格评估机构，但是，他们对评估机构、评估报告等事项不太了解，想知道评估机构作出评估报告时具体执行哪些操作流程与步骤？在评估时又有什么注意事项吗？

学法有疑

评估机构作出评估报告时，应依据怎样的步骤进行？有什么注意事项？

法律讲堂

房地产价格评估机构运用相应的评估方法，经过一系列的程序后，应当作出评估报告，提交给房屋征收部门。房地产价格评估机构在作出评估报告时必须按照法定的步骤进行，严格确保评估报告的真实性、有效性。依据《国有土地上房屋征收评估办法》第十六条、第十七条的规定，房地产价格评估机构应当按照房屋征收评估委托书或者委托合同的约定，向房屋征收部门提供分户的初步评估结果。分户的初步评估结果应当包括评估对象的构成及其基本情况和评估价值。然后，由房屋征收部门将分户的初步评估结果在征收范围内向被征收人公示。公示期间，房地产价格评估机构应当安排注册房地产估价师对分户的初步评估结果进行现场说明解释。需要注意的是，如果评估结果确有错误，房地产价格评估机构应当修正。

在分户初步评估结果公示期满后，房地产价格评估机构就应当向房屋征收部门提供委托评估范围内被征收房屋的整体评估报告和分户评估报告。对于整体评估报告和分户评估报告应注意的是，该报告应当由负责房屋征收评估项目的两名以上注册房地产估价师签字，并加盖房地产价格评估机构公章，而不得以印章代替签字。因此，案例中的小区居民都无须担心，评估机构会依法进行评估，如果有人对评估结果有异议，评估机构会予以解释说明。

法律条文

《国有土地上房屋征收评估办法》

第十六条　房地产价格评估机构应当按照房屋征收评估委托书或者委托合同的约定，向房屋征收部门提供分户的初步评估结果。分户的初步评估结果应当包括评估对象的构成及其基本情况和评估价值。房屋征收部门应当将分户的初步评估结果在征收范围内向被征收人公示。

公示期间，房地产价格评估机构应当安排注册房地产估价师对分户的初步评估结果进行现场说明解释。存在错误的，房地产价格评估机构应当修正。

第十七条　分户初步评估结果公示期满后，房地产价格评估机构应当向房屋征收部门提供委托评估范围内被征收房屋的整体评估报告和分户评估报告。房屋征收部门应当向被征收人转交分户评估报告。

整体评估报告和分户评估报告应当由负责房屋征收评估项目的两名以上注册房地产估价师签字，并加盖房地产价格评估机构公章。不得以印章代替签字。

一句话说法

房地产价格评估机构在对被征收房屋进行评估后,应首先提供分户的初步评估结果,在公示期满后,评估机构应当提交整体评估报告和分户评估报告。无论是哪一种类型的评估报告,评估机构都必须依照法定的步骤进行,而且对评估结果还应当负有解释说明的义务。

第3章 征收程序

第1节 作出征收决定

36. 哪个机关有权作出房屋征收决定?

案例背景

近年来,某市经济迅猛发展,一跃至全省前列,但与此同时,环境问题也日益突出。为改善市区的环境质量,该市有关部门采取了一系列的防治措施,其中之一就是决定围绕市中心建造一条环城绿化带,这样一来,既可以美化城市,增加绿化面积,也可以改善空气质量,可谓一举两得。然而,要完成这条绿化带建设,就需要征收周边的部分房屋。那么,哪个机关有权作出这个房屋征收决定呢?

学法有疑

哪个机关有权作出房屋征收决定?

法律讲堂

根据《国有土地上房屋征收与补偿条例》第四条第一款的规定,市、县级人民政府负责本行政区域的房屋征收与补偿工作。由此可知,房屋征收决定是由市、县级人民政府负责作出的。但是在我国行政区划中,市的级别又分省级(直辖市)、副省级(计划单列、部分省会)、地级(省辖市)、县级(地级市代管)等,该条例并没有明确规定作出房屋征收决定的市人民政府的级别,实践中的做法是各级市政府均可以依法作出房屋征收决定。房屋征收决定作出后应当及时公告。公告应当载明征收补偿方案和行政复议、行政诉讼权利等事项。

法律条文

《国有土地上房屋征收与补偿条例》

第四条　市、县级人民政府负责本行政区域的房屋征收与补偿工作。

市、县级人民政府确定的房屋征收部门（以下称房屋征收部门）组织实施本行政区域的房屋征收与补偿工作。

市、县级人民政府有关部门应当依照本条例的规定和本级人民政府规定的职责分工，互相配合，保障房屋征收与补偿工作的顺利进行。

一句话说法

在房屋征收过程中，征收主体是市、县级人民政府，实施部门是市、县级人民政府确定的房屋征收部门。被征收人是征收范围内房屋所有权人、公房使用权人、未经登记的建筑所有权人等。

37. 房屋征收涉及的被征收人数量较多时，该如何作出决定？

> 这一带住户太多了，工作不好开展啊。

> 听说后天会举行市政府常务会议讨论此事。

案例背景

某市气候适宜，土壤较好，当地盛产的苹果香甜可口。但由于通往该地的道路狭窄，往来车辆通行极其不便，故一直打不开销路。为解决这一难题，该市政府决定重修沿途道路，并拓宽相关路段。由于需要扩建的路段相对较长，因而涉及的周边房屋以及被征收人比较多。在这种情况下，如果不能做好被征收人的工作，协调好各方利益，不但难以保证征收工作的顺利进行，还有可能出现混乱。为此，该市政府应当如何作出征收决定？

学法有疑

房屋征收涉及的被征收人数量较多时，该如何作出决定？

法律讲堂

程序是法治和恣意而治的分水岭，征收房屋与群众的利益息息相关，应该严格按照程序进行，尤其是征收涉及的人数较多时，稍有处理不妥，不仅会影响征收工作的顺利开展，还有可能会出现混乱局面。根据我国《国有土地上房屋征收与补偿条例》第十二条第一款的规定，市、县级人民政府作出房屋征收决定前，应当按照有关规定进行社会稳定风险评估；房屋征收决定涉及被征收人数量较多的，应当经政府常务会议讨论决定。也就是说，在涉及被征收人数量较多的房屋征收中，政府在作出征收决定前，应当经政府常务会议讨论决定，如果在作出征收决定前没有经过政府常务会议讨论则是违法的。本案中，该市政府在作出征收决定前，应当经政府常务会议讨论决定。

法律条文

《国有土地上房屋征收与补偿条例》

第十二条第一款 市、县级人民政府作出房屋征收决定前，应当按照有关规定进行社会稳定风险评估；房屋征收决定涉及被征收人数量较多的，应当经政府常务会议讨论决定。

一句话说法

房屋征收作为一种国家公权力强制取得私权利的行为，需要完备的程序进行约束。在作出征收决定前，依法进行社会稳定风险评估，有利于选择征收成本最低、对被征收人影响最小和公共利益最大的方案来保障征收工作的顺利进行。

征收程序 **095**

38. 作出房屋征收决定前必须做相关调查吗？被征收人有配合义务吗？

> 调不调查不都要征收吗？多此一举。

> 您有义务配合，我们此后也会公布调查结果。

📞 案例背景

　　某市属于老城，20世纪的道路设施和城市风貌至今仍然保留。但近年来，私家车数量明显增加，道路交通拥堵现象频频出现，政府采取多种措施都无法缓解。最终，该市政府决定对部分拥堵地段的道路进行改造，以缓解交通压力。后经过规划，对相关路段拓宽需要对附近部分房屋进行征收，该市政府遂组织相关人员着手开展调查工作，对被征收房屋的权属、区位、用途、建筑面积等情况组织登记，以便据此作出征收决定。可是在登记过程中，有部分被征收人不愿意配合工作，认为自己没有这个义务。也有部分被征收人认为开展这个调查工作没有必要，调不调查都要被征收。那么，这些想法正确吗？

学法有疑

作出房屋征收决定前必须进行相关调查吗？被征收人有义务配合调查吗？

法律讲堂

根据我国《国有土地上房屋征收与补偿条例》第十五条的规定，房屋征收部门应当对房屋征收范围内房屋的权属、区位、用途、建筑面积等情况组织调查登记，被征收人应当予以配合。调查结果应当在房屋征收范围内向被征收人公布。由此可知，房屋征收部门在做出征收决定前，应该做相关的调查，而且被征收人有义务积极配合。本案中，部分被征收人认为自己没有配合义务以及部分被征收人认为开展此类调查工作没有必要的想法都是错误的，在作出征收决定前对被征收房屋进行调查是必要的，他们应该积极配合调查登记。

法律条文

《国有土地上房屋征收与补偿条例》

第十五条 房屋征收部门应当对房屋征收范围内房屋的权属、区位、用途、建筑面积等情况组织调查登记，被征收人应当予以配合。调查结果应当在房屋征收范围内向被征收人公布。

一句话说法

征收决定与被征收人的利益息息相关，在作出征收决定前，应该充分了解被征收房屋的权属、区位、用途、建筑面积等情况，这对征收人作出科学、合理的征收决定有着重要的意义，被征收人应该积极配合征收人进行调查登记。

征收程序 097

39. 房屋征收决定作出后，必须公告吗？

> 作出征收决定后，还需要公告吗？

> 当然，房屋征收决定依法应该公告。

📞 **案例背景**

　　某市历史文化悠久，名胜古迹较多，最适宜发展旅游业。然而，该市却一度注重发展工业，导致环境污染严重，前来游玩的游客也寥寥无几。后该市工业发展受到重创，经济陷入停滞，市政府决定要改善当地环境，大力发展旅游业，以带动经济发展。经过规划，市政府决定围绕护城河修建一条绿化带，一来能改善环境质量，二来还有青山绿水的诗意，与旅游胜地的名气相呼应。但修建绿化带需要征收护城河沿途的部分居民房屋，这就涉及房屋征收问题。在做好相关工作后，市政府依法作出了房屋征收决定，但由于此次征收涉及面广，此前市政府已经举行了听证会，那么现在作出征收决定后，还需要进行公告吗？

学法有疑

作出征收决定后，还需要进行公告吗？

法律讲堂

根据我国《国有土地上房屋征收与补偿条例》第十三条的规定，市、县级人民政府作出房屋征收决定后应当及时公告。公告应当载明征收补偿方案和行政复议、行政诉讼权利等事项。由此可知，房屋征收决定依法应该公告，并且要告知被征收人对征收决定不服时的权利救济途径。此外，市、县级人民政府及房屋征收部门还应当做好房屋征收与补偿的宣传、解释工作。让被征收人充分了解征收政策，打消征收过程中的种种疑惑，从而确保征收工作的顺利进行。

法律条文

《国有土地上房屋征收与补偿条例》

第十三条　市、县级人民政府作出房屋征收决定后应当及时公告。公告应当载明征收补偿方案和行政复议、行政诉讼权利等事项。

市、县级人民政府及房屋征收部门应当做好房屋征收与补偿的宣传、解释工作。

……

一句话说法

市、县级人民政府在作出房屋征收决定前要做好一系列相关工作，如确定征收范围、拟定征收补偿方案、举行听证会、社会稳定风险评估等，经过这些程序后，才能做出征收决定，且征收决定作出后应当及时公告，并要向被征收人做好征收与补偿的解释工作。

40. 房屋和土地使用权是分开征收的吗？

案例背景

某市近年来经济发展较快，私家车的数量急剧增加，原来规划的道路相对较窄，市内上下班高峰时期堵车现象严重，市民出行很不方便。为缓解交通压力，市政府决定在城区开展道路拓宽项目，对主城区的主要交通道路都进行拓宽。按照项目规划书的要求，市政府有关部门很快就确定了征收范围。牛大叔家的房屋正好在被征收范围内，相关工作人员按照征收补偿决定对牛大叔的房屋进行了补偿，可牛大叔认为，自己家的房子和别人家的不一样，盖房子占用的土地是自己花钱买的，然后才在上面盖了房子，政府现在征收了房子，但房子下的土地使用权还应该是自己的。那么，房屋和土地使用权是分开征收的吗？

学法有疑

房屋和土地使用权是分开征收的吗?

法律讲堂

牛大叔的想法是不对的。根据我国《国有土地上房屋征收与补偿条例》第十三条第三款的规定,房屋被依法征收的,国有土地使用权同时收回。由此可见,我国实行房地一体的原则,政府对被征收的房屋按市场价格进行评估补偿后,房屋权属与其相对应的国有土地使用权也一并收回。也就是说,本案中的牛大叔的房屋被依法征收后,房屋下的土地使用权也一并被收回了,房屋和土地使用权征收并非分开进行的。

法律条文

《国有土地上房屋征收与补偿条例》

第十三条第三款 房屋被依法征收的,国有土地使用权同时收回。

第十九条第一款 对被征收房屋价值的补偿,不得低于房屋征收决定公告之日被征收房屋类似房地产的市场价格。被征收房屋的价值,由具有相应资质的房地产价格评估机构按照房屋征收评估办法评估确定。

一句话说法

我国实行房地一体的原则,房屋和房屋下的土地使用权是一体的,一旦房屋被征收,房屋下的土地使用权也一并被收回,二者是不可以分开的,不存在房屋被征收了,土地使用权还归被征收人所有的情形。

征收程序　101

41. 房屋征收听证会如何举行？

> 应提前7天通知，只提前了3天，程序上有问题，听证会应该取消。

> 晚两天通知不也一样吗？不要在这些细节上纠缠。

案例背景

近年来，全国高铁发展迅速，不少地方通上高铁以后，往来时间大大缩短，给人们带来许多方便。某市地处交通要道，南来北往的不少列车都要途经此地，为配合铁路事业的发展，该市决定把火车站从 A 地迁移到 B 地。由于新筹建的火车站要比原来的火车站大很多，因此在建设过程中需要征收周边部分居民房屋才能完成工程。按照此次征收的要求，一定要切实保障人民群众的利益，妥善处理房屋征收过程中出现的各种矛盾纠纷。为此，该市政府决定召开房屋征收听证会，认真听取群众的意见和建议。那么，房屋征收听证会如何召开呢？

学法有疑

房屋征收听证会该如何召开？

法律讲堂

政府部门在核发征收许可过程中，遇有法定情形，需要组织听证。按照《行政许可法》第四十八条及部委规章的规定，召开听证会应按照如下程序进行：（1）行政机关于举行听证会的七日前将举行听证会的时间、地点通知申请人、利害关系人和其他群众，必要时予以公告。（2）确定听证主持人、听证员、记录员，被征收人认为主持人、听证员、记录员与房屋征收有利害关系的，有权申请回避。（3）举行听证，提交证据、理由。（4）有关政府部门陈述意见。（5）听证代表发表意见；被征收人提出事实与理由，并进行陈述和申辩。（6）最后陈述，各方发表陈述观点及补充意见。（7）作听证笔录：听证会结束后，应当制作听证笔录，记录听证申请工作人员、被征收人、其他代表、有关政府部门的意见、陈述、质证、申辩等内容。在听证会结束后，市、县级人民政府应当根据听证笔录，修改征收补偿方案。由此可见，该市政府可以按照上述程序召开征收听证会。

法律条文

《中华人民共和国行政许可法》

第四十八条 听证按照下列程序进行：

（一）行政机关应当于举行听证的七日前将举行听证的时间、地点通知申请人、利害关系人，必要时予以公告；

（二）听证应当公开举行；

（三）行政机关应当指定审查该行政许可申请的工作人员以外的人员为听证主持人，申请人、利害关系人认为主持人与该行政许可事项有直接利害关系的，有权申请回避；

（四）举行听证时，审查该行政许可申请的工作人员应当提供审查意见的证据、理由，申请人、利害关系人可以提出证据，并进行申辩和质证；

（五）听证应当制作笔录，听证笔录应当交听证参加人确认无误后签字或者盖章。

行政机关应当根据听证笔录，作出行政许可决定。

一句话说法

房屋征收涉及较多群众的利益时，在做出征收决定前，可以举行征收听证会。而房屋征收过程中，若多数被征收人认为征收补偿方案不符合规定的，市、县级人民政府应当组织由被征收人和公众代表参加的听证会。征收听证会一方面可以使群众表达自己对征收工作的意见和建议，另一方面也可以使政府真正了解征收工作存在的问题，及时修改和调整征收补偿方案，对双方来说都是有益的。

42. 被征收人对征收决定不服该怎么办？

案例背景

某市为优化城市资源配置，提升投资环境建设水平，决定对市区内一些老旧小区进行改造，以使旧城区的土地能得到充分的利用。该市政府按照法定程序作出了征收决定并依法进行了公告。公告中载明征收四至点为岭南路至右香山路，道德大街至南建设大街。王叔叔居住的小区处于岭南路西侧，本不属于公告载明区域内，但是明细列表中将该小区计入了征收范围。王叔叔认为自己居住的房子只是在政府规划征收的边缘，政府无权进行征收。再说了，自己和老伴在这里已经住了几十年了，早已习惯了这里的一切，实在也不愿搬到别处去。王叔叔经过咨询，确认政府的行为侵犯了自己的合法权益，但他不知道对政府公布的征收决定不服的该怎么办？

学法有疑

被征收人对征收决定不服该采取什么救济措施？

法律讲堂

根据我国《国有土地上房屋征收与补偿条例》第十四条的规定，对征收决定不服的，被征收人可以申请行政复议，也可以选择提起行政诉讼。由此可知，被征收人对征收决定不服时，有两种救济方式，一种是申请行政复议；另一种是提起行政诉讼，且提起行政诉讼无须以申请行政复议为前置条件。也就是说，被征收人可以不经过复议而直接提起诉讼。本案中，王叔叔如果认为政府的征收决定侵犯了自己的合法权益，那么他既可以向有关机关申请行政复议，也可以直接向人民法院提起行政诉讼，以维护自己的合法权益。

法律条文

《国有土地上房屋征收与补偿条例》

第十四条 被征收人对市、县级人民政府作出的房屋征收决定不服的，可以依法申请行政复议，也可以依法提起行政诉讼。

一句话说法

房屋征收决定虽然是为了公共利益的需要而作出的，但会直接影响被征收人的权益。为了监督政府依法作出征收决定，保障被征收人的合法权益，在被征收人对征收决定不服时，我国法律赋予了被征收人申请行政复议和提起行政诉讼两种救济方式。

第 2 节　制订补偿方案

43. 征求公众意见是征收补偿方案的必经程序吗？

> 你们已公布了征收补偿方案，还能提意见吗？

> 可以的，方案要依法征求公众意见，期限不少于30日。

案例背景

　　某市地理位置优越，气候得天独厚，盛产的苹果香甜可口，远近闻名。但由于交通不便，该市的苹果一直是由农户自产自销，并未形成规模，没有发挥出产业优势，对该地经济发展的辐射带动作用也就十分有限。后国家大力推广惠农政策，该市政府响应国家号召，决定对本市主要交通干道进行改造，以促进当地特产的苹果外销。经过科学规划，此次道路改造需要经过部分居民区，这就涉及征收部分房屋，为此，相关部门拟定了征收补偿方案。那么，这个征收补偿方案还需要征求公众意见吗？

学法有疑

征求公众意见是征收补偿方案的必经程序吗？

法律讲堂

根据《国有土地上房屋征收与补偿条例》第十条、第十一条的规定，房屋征收部门拟定征收补偿方案，报市、县级人民政府。市、县级人民政府应当组织有关部门对征收补偿方案进行论证并予以公布，征求公众意见。征求意见期限不得少于30日。市、县级人民政府应当将征求意见情况和根据公众意见修改的情况及时公布。由此可知，征求公众意见是征收补偿方案的必经程序，市、县级人民政府应当组织有关部门对征收补偿方案进行论证并予以公布，征求公众意见。征求意见期限不得少于30日。未经征求意见而确定征收补偿方案的行为属于程序不合法行为，不能作为对被征收人作出合法补偿决定的依据。

法律条文

《国有土地上房屋征收与补偿条例》

第十条 房屋征收部门拟定征收补偿方案，报市、县级人民政府。市、县级人民政府应当组织有关部门对征收补偿方案进行论证并予以公布，征求公众意见。征求意见期限不得少于30日。

第十一条第一款 市、县级人民政府应当将征求意见情况和根据公众意见修改的情况及时公布。

一句话说法

房屋征收补偿涉及民众的切身利益，因此他们应当享有知情权。征收补偿方案公布后，需要征求公众意见，这主要是为了严格规范政府的征收活动，使被征收人及时掌握和了解到相关信息，有效地参与到房屋征收工作中去，对政府的房屋征收行为进行监督。

44. 公众可以通过什么方式参与制订征收补偿方案呢?

> 我可以参与制订征收补偿方案吗?怎么参与呢?

> 您可以写信、网上留言、自己或派代表参加听证会。

案例背景

某市是古城,有不少名胜古迹,前来游玩的外地游客数量很多,当地政府抓住这一优势,大力发展旅游业,使之一度成为该市的主要产业,在促进当地经济发展中发挥着重要的作用。然而,近年来该市被勘探出大量的矿产资源,重工业随之兴起。该市在重工业发展的过程中忽视了环境治理,致使当地空气质量受到严重污染,旅游业也一度受到影响。为改善当前状况,市政府决定扩大市区的绿化面积,在城区交通要道周边增加花草和树木的种植,修建绿化隔离带,这就需要对沿途部分居民房屋进行征收。由于该举措是惠民政策,所以在相关部门公布了补偿方案后,大部分市民都表示拥护,但也有部分市民还存在异议,希望能参与到补偿方案制订中去。那么,公众可以通过什么方式参与制订征收补偿方案呢?

学法有疑

公众可以通过什么方式参与制订征收补偿方案呢？

法律讲堂

在房屋征收过程中，应该保障公众的参与权。我国《国有土地上房屋征收与补偿条例》第十条、第十一条规定的征收补偿方案的制订过程，充分体现了决策民主的精神，最大限度保证了公众的参与权。公众参与征收补偿方案制订的方式主要有两种：一是在征收补偿方案公开征求意见时，公众可以通过网络、书面等方式提出自己的意见；二是在举行听证会时，公众可以亲自参与听证会或委托代表参加听证，反映自己对房屋征收与补偿方案的修改意见。对于这些征求的民众意见情况和根据公众意见作出的相应修改的方案，政府还应当及时公布，让民众知悉，以充分保障公众参与制订补偿方案的权利，确保征收工作的顺利进行。

法律条文

《国有土地上房屋征收与补偿条例》

第十条第二款 市、县级人民政府应当组织有关部门对征收补偿方案进行论证并予以公布，征求公众意见。征求意见期限不得少于30日。

第十一条 市、县级人民政府应当将征求意见情况和根据公众意见修改的情况及时公布。

因旧城区改建需要征收房屋，多数被征收人认为征收补偿方案不符合本条例规定的，市、县级人民政府应当组织由被征收人和公众代表参加的听证会，并根据听证会情况修改方案。

一句话说法

公众参与公共政策的制订不但可以有效监督行政机关依法行政,保障公民的知情权、参与权以及建议权等,还可以确保公共政策科学、民主,促进其顺利实施。

45. 征收范围确定后新建的房屋，能得到补偿吗？

案例背景

某市环境优美，气候适宜，四季如春。再加上近年来，该市大力发展第三产业，经济发展迅速，人民生活水平显著提高。因此，该市流动人口剧增，但配套公共设施明显落后，尤其是道路交通狭窄，已经无法满足人们出行的需求。为改善这一状况，该市政府决定拓宽市区主要交通干道，为此需要征收部分居民房屋。刘某家的房子恰好在征收范围内。得知自己家的老平房要被征收后，刘某非常高兴。为了多得些补偿款，刘某采取偷工减料的方式在原来房屋的基础上又加盖了两层。那么，刘某想多得补偿款的想法能实现吗？加盖的这两层楼房可以获得补偿吗？

学法有疑

在确定了征收范围后又新建的房屋，能得到补偿吗？

法律讲堂

根据我国《国有土地上房屋征收与补偿条例》第十六条的规定，房屋征收范围确定后，不得在房屋征收范围内实施新建、扩建、改建房屋和改变房屋用途等不当增加补偿费用的行为；违反规定实施的，不予补偿。且房屋征收部门应当将前款所列事项书面通知有关部门暂停办理相关手续。由此可知，在征收范围确定之后，新建的房屋由于无法在相关部门办理手续，因而其合法地位得不到确认，所以是不会得到补偿的。本案中，刘某在征收部门确定了征收范围后，又在自己的房屋上加盖两层楼房，企图获得更多补偿的想法是不会实现的，其新建的部分无法得到补偿。

法律条文

《国有土地上房屋征收与补偿条例》

第十六条　房屋征收范围确定后，不得在房屋征收范围内实施新建、扩建、改建房屋和改变房屋用途等不当增加补偿费用的行为；违反规定实施的，不予补偿。

房屋征收部门应当将前款所列事项书面通知有关部门暂停办理相关手续。暂停办理相关手续的书面通知应当载明暂停期限。暂停期限最长不得超过1年。

一句话说法

房屋征收范围确定后，被征收人突击新建或者扩建的房屋会增加征收成本，扰乱征收工作的顺利开展。因此，我国法律明确规定，房屋征收范围确定后，违规新建、扩建、改建或改变房屋用途的部分，不予补偿。

46. 制订征收补偿方案的程序是什么？

案例背景

某市的支柱产业是重工业，重工业的发展为当地带来了经济的繁荣。但与此同时，伴随着经济发展的还有环境污染。尤其是近两年来，该市雾霾天气非常严重，空气质量每况愈下。为改善这一状况，该市政府决定加大力度治理环境，除了限制高污染行业发展，还要在护城河沿岸修建隔离绿化带，在城区主要交通干道上种植树木和花草。经过科学规划，要完成绿化建设需要对一些居民房屋进行征收，但大部分人对此存在异议，不愿配合工作，给征收工作的开展带来一定的难度。后经过多次协商，最终达成协议，该市政府依法公布了征收补偿方案。那么，制订征收补偿方案有什么程序吗？

学法有疑

制订征收补偿方案的程序是什么？

法律讲堂

根据我国《国有土地上房屋征收与补偿条例》第十条、第十一条的规定，征收补偿方案的制订程序具体如下：（1）房屋征收部门拟定征收补偿方案。在该阶段主要是由房屋征收部门起草补偿方案。（2）市、县级人民政府组织有关部门对征收补偿方案进行论证。房屋征收部门起草好征收补偿方案后，报市、县级人民政府，再由市、县级人民政府组织有关部门对征收补偿方案进行论证。（3）公告补偿方案并征求意见。（4）市、县级人民政府应当将征求意见的情况和根据公众意见修改的情况及时公布。（5）听证程序。因旧城区改建需要征收房屋，多数被征收人认为征收补偿方案不符合本条例规定的，市、县级人民政府应当组织由被征收人和公众代表参加的听证会，并根据听证会情况修改方案。由此可知，征收补偿方案的制订有着严格的程序规定。如果在补偿方案的制订过程中有不符合程序要求的情形,被征收人可以据此为由来维护自己的合法权益。

法律条文

《国有土地上房屋征收与补偿条例》

第十条 房屋征收部门拟定征收补偿方案,报市、县级人民政府。

市、县级人民政府应当组织有关部门对征收补偿方案进行论证并予以公布,征求公众意见。征求意见期限不得少于30日。

第十一条 市、县级人民政府应当将征求意见情况和根据公众意见修改的情况及时公布。

因旧城区改建需要征收房屋,多数被征收人认为征收补偿方案不符合本条例规定的,市、县级人民政府应当组织由被征收人和公众代表参加的听证会,并根据听证会情况修改方案。

一句话说法

征收程序法定是规范政府征收行为,维护被征收人合法权益的重要保障。严格执行法定征收程序,充分保障被征收人参与征收决策的权利,是确保房屋征收这一政府行为在阳光下运作的必然要求。

47. 因旧城区改造而征收房屋的补偿方案必须经过听证才能制订吗?

案例背景

某市前些年经济发展迟缓,城市面貌老旧不堪。近两年来,受国家政策的影响,该市大力发展第三产业,使得经济飞速发展,市区高楼林立,一派欣欣向荣的景象。然而,在市中心仍有不少老旧小区环境较差,绿化面积较小,配套设施不全,与整个城市规划极不相符。为建设现代化城市,提高市民的居住生活环境,该市政府决定对这些老旧小区进行改造,并公布了补偿方案。对于该方案,多数被征收人认为不合理,提出了多条意见。后该市政府充分吸收了群众意见,对补偿方案进行了修改并予以公告。对此,有人提出质疑,认为政府没有举行听证会,因此该补偿方案无效。那么,因旧城区改造而征收房屋的补偿方案必须经过听证才能制订吗?

学法有疑

因旧城区改造而征收房屋的补偿方案必须经过听证才能制订吗?

法律讲堂

依据《国有土地上房屋征收与补偿条例》第十一条的规定,因旧城区改建需要征收房屋,多数被征收人认为征收补偿方案不符合本条例规定的,市、县级人民政府应当组织由被征收人和公众代表参加的听证会,并根据听证会情况修改方案。由此可知,因旧城区改造征收房屋的,在多数人对征收补偿方案不满意或者有异议时,政府应当举行听证会,否则就不合法。本案中,多数被征收人对旧城区改造的补偿方案存在异议。因此,政府必须组织听证,如果不进行听证就制订补偿方案,则属于程序违法,该方案无效。

法律条文

《国有土地上房屋征收与补偿条例》

第十一条　市、县级人民政府应当将征求意见情况和根据公众意见修改的情况及时公布。

因旧城区改建需要征收房屋，多数被征收人认为征收补偿方案不符合本条例规定的，市、县级人民政府应当组织由被征收人和公众代表参加的听证会，并根据听证会情况修改方案。

一句话说法

对旧城区改建涉及多方利益，在多数被征收人认为补偿方案与相关规定不相符的情况下，政府应当组织召开听证会，听取公众意见并修改补偿方案。在此情形下组织听证会是必经程序，如果没有举行，则属于程序违法，由此程序制订出来的补偿方案也就无效了。

第 3 节　签订征收补偿协议

48. 以口头方式订立的征收补偿协议有效吗？

案例背景

宋某中年丧妻，自己一人含辛茹苦地将儿子小宋抚养长大。令人欣慰的是，小宋学习一直非常优秀，大学毕业后就直接被留校工作，还因"特殊人才引进"政策而分得了一套两居室。小宋担心父亲一人在老家无人照顾，就将宋某接过来一起生活。过了两年多，宋某老家的居委会主任打电话告知他，小区要进行征收改造。宋某想着反正自己也不会回老家住了，房子拆了还能领一笔征收款，于是很高兴地回家把东西都收拾了出来。宋某本以为这就可以坐等领征收补偿款了，但是，过了几天，居委会主任又打电话通知宋某回老家签征收补偿协议。宋某觉得自己已经口头同意征收了，还有必要再签一次书面协议吗？

学法有疑

宋某口头答应同意征收就可以了吗？还需要再签订征收补偿协议吗？

法律讲堂

虽然根据《民法典》第一百三十五条的规定，民事法律行为可以采用书面形式、口头形式或者其他形式；法律、行政法规规定或者当事人约定采用特定形式的，应当采用特定形式。根据我国《国有土地上房屋征收与补偿条例》第二十五条第一款的规定，房屋征收部门与被征收人依照本条例的规定，就征收补偿事项订立补偿协议。因此，该法规定房屋征收时应当书面签订征收补偿协议，如果房屋征收双方在征收补偿方案确定的签约期限内能够达成协议，应当订立书面的补偿协议，否则该协议会因形式不合法而无法发生相应的效力。况且征收对于一个家庭来说是非常重要的事情，仅以口头形式订立的协议很难保证权益的实现，因此还是采用书面形式订立协议更为稳妥。

法律条文

《中华人民共和国民法典》

第一百三十五条　民事法律行为可以采用书面形式、口头形式或者其他形式；法律、行政法规规定或者当事人约定采用特定形式的，应当采用特定形式。

《国有土地上房屋征收与补偿条例》

第二十五条第一款　房屋征收部门与被征收人依照本条例的规定，就补偿方式、补偿金额和支付期限、用于产权调换房屋的地点和面积、搬迁费、临时安置费或者周转用房、停产停业损失、搬迁期限、过渡方式和过渡期限等事项，订立补偿协议。

一句话说法

一般而言，合同的形式并不会影响合同的成立与生效。当事人可以根据实际需要，选择书面形式、口头形式或者其他形式订立合同。但是，法律、法规或者合同当事人要求采用书面形式订立合同的，应当采用书面形式。事实上，书面合同对双方的合同权利义务的规定更为明确具体，有利于保护各方的权益，当事人应当尽可能选取书面形式订立合同。

征收程序 **119**

49. 签订的房屋征收补偿协议的内容有哪些,被征收人签订协议时应注意些什么内容呢?

> 没什么意见的话,就签订补偿协议了。

> 给我补偿的价款、支付方式、调换房屋的面积,协议上都得写清楚。

📞 案例背景

  某地的火车站因为年代久远,早已不适应现在的客运需求,当地市政府决定扩建火车站,对火车站附近原有的部分居民区需要征收。市政府组织成立征收工作小组,按照程序开展征收工作。不久,居民的被征收房产评估工作已完成,居民对征收补偿款也比较满意。随后,居民到征收办公室签订补偿协议。但是,很多居民之前对这些事情并不太了解,对需要签订的补偿协议该载明哪些事项一无所知。那么,征收补偿协议中应写明哪些内容才能更好地保障自己的权益?

学法有疑

房屋征收补偿协议的内容有哪些,签订时需要注意什么呢?

法律讲堂

为了维护被征收人的合法权益,保障征收工作的顺利进行,根据我国《国有土地上房屋征收与补偿条例》第二十五条的规定,签订房屋征收补偿协议应包括如下的内容:(1)征收人与被征收人的基本情况。(2)被征收房屋的具体情况。包括被征收房屋的产权情况、房屋位置、建筑面积、结构楼层、装修及周边环境等。(3)被征收房屋的评估价值。(4)补偿方式,主要包括货币补偿和产权调换。(5)补偿费用,征收人应对被征收人或者房屋承租人支付搬迁补偿费,过渡期限内的临时安置补助费及停产停业期间的补偿费。(6)搬迁期限或过渡期限。(7)违约责任。违约责任是指违反房屋征收补偿协议后,按照约定各方应承担的法律后果。(8)其他内容。协议双方当事人认为需要在协议书中确定的与房屋征收补偿有关的各项内容。补偿协议的内容关系到被征收人的切身利益,对于选择货币补偿的被征收人,应当注意补偿金额和支付方式、支付期限等合同条款;对于选择产权调换的被征收人,应当重点留意调换房屋的地点、面积、交房时间等条款。当然,对于过渡期间的补偿与安置问题,被征收人在签订合同时也应当特别留意。

法律条文

《国有土地上房屋征收与补偿条例》

第二十五条 房屋征收部门与被征收人依照本条例的规定,就补偿方式、补偿金额和支付期限、用于产权调换房屋的地点和面积、搬迁费、临时安置费或者周转用房、停产停业损失、搬迁期限、过渡方式和过渡期限等事项,订立补偿协议。

补偿协议订立后,一方当事人不履行补偿协议约定的义务的,另一方当事人可以依法提起诉讼。

一句话说法

　　房屋征收补偿协议关系到被征收人的切身利益,被征收人在签订协议之前应当认真审阅协议的具体条款,尤其是要特别留意涉及补偿金额、支付期限、产权调换房屋等基本情况的条款内容,避免自己的合法权益受到损害。

50. 谁有权签订房屋征收补偿协议？别人可以代签吗？

案例背景

小刘的父母工作都比较忙，很少有时间照顾小刘。小刘从小跟着爷爷一起长大，爷孙俩感情非常好，老人去世前立下遗嘱要将自己名下的房屋留给小刘结婚用。可是，小刘大学毕业后在外地找了一份不错的工作，打算定居在那里，平时也很少回家。前不久，当地政府决定实施旧城改造工程，小刘的爷爷留给他的那套房子恰好在征收范围内。由于小刘一直在外地工作，房屋征收部门的工作人员总是联系不到小刘，无奈之下，只好找到小刘的父母商量征收补偿问题，希望小刘的父亲代替小刘在征收补偿协议书上签字。小刘的父亲认为征收补偿的条件还算不错，就选择了房屋产权调换的补偿方式，并代替孩子签了房屋征收补偿协议。后来，小刘跟家里打电话时得知此事，认为选择货币补偿更为划算，毕竟自己在外地工作，用这笔补偿款在工作地买房更为适宜。可是，小刘的父亲已经代替他签订了补偿协议，小刘找征收部门还有意义吗？

学法有疑

小刘的父亲能够代替小刘签订征收补偿协议吗？该协议能作为征收补偿的依据吗？

法律讲堂

房屋征收补偿协议的签订主体应当是房屋征收部门与被征收人。根据《国有土地上房屋征收与补偿条例》的有关规定，被征收人应当是房屋的所有权人，只有房屋的所有权人才有处分房屋的权利，才是房屋征收补偿协议的一方当事人。本案中，小刘的爷爷已将房屋留给了小刘，小刘依法取得了房屋的所有权。小刘才是被征收人，才有权签订补偿协议。那么，小刘的父亲能够代替小刘签订征收补偿协议吗？该协议能够作为征收补偿的依据吗？

上述问题涉及的其实是民事代理行为的权限与效力的问题。小刘已经年满十八周岁，具有完全民事行为能力，在没有经过其本人同意，也没有证据表明其本人同意的情况下，小刘父亲代签的协议属于无权代理，对小刘本人并不产生合同效力。在实践中尤其是在农村，即使子女已经成年，但一般尚未成家时，父母通常都会直接替子女作出重大决定，但实际上，法律将这种情形认定为无权代理。也就是说，父母是无权替成年子女作出这些行为的。根据《民法典》第一百七十一条第一款规定，"行为人没有代理权、超越代理权或者代理权终止后，仍然实施代理行为，未经被代理人追认的，对被代理人不发生效力"。可见，在代理人无权代理时，只有经过被代理人的追认，被代理人才承担民事责任。未经追认的行为，由行为人承担民事责任。本案中，由于小刘没有对父亲的签字行为予以追认，反而与父亲的意见并不一致。因此，小刘父亲替其签订的补偿协议无效，小刘可以找到房屋征收部门，以协议无效为由再重新商定征收补偿事宜。

法律条文

《国有土地上房屋征收与补偿条例》

第二条 为了公共利益的需要，征收国有土地上单位、个人的房屋，应当对被征收房屋所有权人（以下称被征收人）给予公平补偿。

第二十五条第一款 房屋征收部门与被征收人依照本条例的规定，就补偿方式、补偿金额和支付期限、用于产权调换房屋的地点和面积、搬迁费、临时安置费或者周转用房、停产停业损失、搬迁期限、过渡方式和过渡期限等事项，订立补偿协议。

《中华人民共和国民法典》

第一百七十一条第一款 行为人没有代理权、超越代理权或者代理权终止后，仍然实施代理行为，未经被代理人追认的，对被代理人不发生效力。

一句话说法

实践中,经常会出现父母子女之间、配偶之间一方代替另一方签订协议的行为,大多数人也认为他们之间存在亲子、婚姻等基础关系而对这种行为并无异议。但此行为在法律层面上属于无权代理,未经本人追认,不对本人发生效力。

51. 强迫被征收人签订的补偿协议有效吗？

案例背景

某县政府为改造县城环境，打造宜居城市，决定建设一处生态公园。程某家的祖屋恰好在征收范围内。本来征收房屋获得补偿是一件好事，程某家却炸开了锅。原来，祖屋面积很大，是老爷子临终前留下来的，因为程某家兄弟姊妹众多，大家对如何分配遗产一直没有达成一致意见。现在政府要征收，程家兄妹对补偿方式和分配方式的意见众口难调。转眼间，征收范围内的房屋就剩下程某一家没有签订补偿协议了，征收部门为了加快工作进度，派工作人员天天堵在程某家轮流给程某一家人做工作，更有人以断水、断电威胁程家。无奈之下，程某一家人被迫在协议上签了字。那么，此种情况下签订的补偿协议是否有效？

学法有疑

被征收人在被胁迫、威胁的情况下签订的补偿协议有效吗?

法律讲堂

征收补偿协议是双方当事人合意签订的书面合同,合同内容的约定及合同的订立应当是双方当事人真实意思的表示。《国有土地上房屋征收与补偿条例》第二十七条第三款规定,任何单位和个人不得采取暴力、威胁或者违反规定中断供水、供热、供气、供电和道路通行等非法方式迫使被征收人搬迁。因此,法律是明令禁止以断水、断电的方式胁迫被征收人搬迁的。此外,我国《民法典》第一百五十条规定:"一方或者第三人以胁迫手段,使对方在违背真实意思的情况下实施的民事法律行为,受胁迫方有权请求人民法院或者仲裁机构予以撤销。"也就是说,如果被征收人在被胁迫、威胁等情况下签订了协议,被征收人有权通过法院或仲裁机构请求变更或撤销合同内容。本案中,工作人员整天堵在程某家,还威胁程某及家人要采用断水、断电等极端手段。工作人员的这种行为属于以胁迫的手段迫使程某及家人在违背自己意愿的情况下签订拆迁协议。程某及家人可以向法院申请撤销或是变更该协议。但是举证证明被胁迫是很困难的,因此如果程某及家人打算向法院起诉,就要着重注意收集此方面的证据。

法律条文

《中华人民共和国民法典》

第五条 民事主体从事民事活动,应当遵循自愿原则,按照自己的意思设立、变更、终止民事法律关系。

第一百五十条 一方或者第三人以胁迫手段,使对方在违背真实意思的情况下实施的民事法律行为,受胁迫方有权请求人民法院或者仲裁机构予以撤销。

《国有土地上房屋征收与补偿条例》

第二十七条第三款 任何单位和个人不得采取暴力、威胁或者违反规定中断供水、供热、供气、供电和道路通行等非法方式迫使被征收人搬迁。禁止建设单位参与搬迁活动。

一句话说法

合同签订作为民事活动,应遵循自愿原则,一方或者第三人以胁迫手段,使对方在违背真实意思的情况下实施的民事法律行为,受胁迫方有权请求人民法院或者仲裁机构予以撤销。房屋征收时签订补偿协议在本质上也属于民事活动,被征收人依法也享有撤销请求权。

52. 房屋征收补偿协议签订后，被征收人还需要履行什么义务吗？

案例背景

孙某大学毕业后留在了北京，还找了一个北京女孩结婚了。虽然两人住在孙某租住的房屋里，但小日子也还不错。2016年5月，孙某的妻子生下了一名男孩。但由于二人都要工作，孙某的父母就从老家搬到了北京照顾。这一照顾就是两三年，一家五口相处得也很好，孙某的父母就打算卖掉老家的房子，给儿子在北京买套新房。恰巧此时，孙某的父亲得知老家的房屋已因"旧城改造"工程而被划入征收范围，就匆忙回家与政府征收部门签订了征收补偿协议。协议签订后，孙某的父亲将自己的卡号留给了工作人员，就打算买票回北京，可工作人员告诉孙某的父亲，他还有一大堆的合同义务没有履行。那么，孙某的父亲都需要履行哪些合同义务呢？

学法有疑

签订房屋征收补偿协议后还有哪些义务应当履行呢？

法律讲堂

房屋征收补偿协议不但约定了被征收人享有法定权利，同时还约定了被征收人应当履行的义务。我国《国有土地上房屋征收与补偿条例》第二十七条第一款和第二款规定："实施房屋征收应当先补偿、后搬迁。作出房屋征收决定的市、县级人民政府对被征收人给予补偿后，被征收人应当在补偿协议约定或者补偿决定确定的搬迁期限内完成搬迁。"由此可见，被征收人得到补偿后，还需要履行一定的义务：(1) 在补偿协议约定的期限内完成搬迁。(2) 及时提供被征收房屋的产权证书、营业执照等相关法律文件。(3) 积极配合完成其他征收搬迁工作。本案中,孙某的父亲与征收部门签订了征收补偿协议,那么他就应当按照协议的约定履行搬迁、交付产权证书等合同义务。

法律条文

《国有土地上房屋征收与补偿条例》

第二十七条　实施房屋征收应当先补偿、后搬迁。

作出房屋征收决定的市、县级人民政府对被征收人给予补偿后,被征收人应当在补偿协议约定或者补偿决定确定的搬迁期限内完成搬迁。

……

一句话说法

被征收人签订房屋征收补偿协议后,一方面享有合同约定的得到补偿的权利,另一方面应当履行合同约定的搬迁、交付产权证书等义务。被征收人如果不履行合同约定的义务,征收部门就可以依照协议追究被征收人的责任。

53. 因对补偿协议约定的置换房屋面积存在不同意见，被征收人认为存在重大误解的，该怎么办？

案例背景

吴某在某县商业中心附近有一个小二层的楼房，一家五口都住在那里，交通非常方便。2017年年底，该县政府决定扩充商业圈，吴某的房屋被划进了征收范围。经过各种利弊权衡，吴某最终决定选择房屋产权置换。吴某与征收部门签订的补偿协议上约定，吴某取得新建商业大厦临街一层两间门面共60平方米的产权，同时取得兴业小区1栋1503室148平方米的住宅一套。2019年年初，商业大厦和兴业小区主体建设竣工，吴某拿到了两处房屋的钥匙，但是经过测量，住宅的建筑面积仅为137平方米，门面房的面积也严重缩水。吴某找到开发商和政府征收部门，双方给出的解释都是还有公摊面积。吴某认为，自己当初同意签订合同时是按照房屋的使用面积计算的，如果知道还包括公摊面积，自己肯定不会同意这么置换的。现在算起来少了二十多平方米，自己损失了好几十万元。面对这种情况，吴某该怎么办呢？

学法有疑

因对合同约定的房屋置换面积存在不同意见，吴某应当如何维权呢？

法律讲堂

所谓重大误解，是指行为人因对行为的性质，对方当事人，标的物的品种、质量、规格和数量等错误的认识，使行为的后果与自己的意思相悖，并造成较大损失的行为。按照此定义，被征收人因为对于房屋置换面积存在重大误解而签订的协议，实质上对于房屋置换面积的条款并不是其真实的意思表示，属于合同订立时存在的重大误解。对于此种情形，《民法典》第一百四十七条规定："基于重大误解实施的民事法律行为，行为人有权请求人民法院或者仲裁机构予以撤销。"所以，被征收人如果在订立补偿协议时存在重大误解，使自己受到了较大损失，可以依法申请撤销协议书。具体到本案中，吴某是在对补偿协议存在重大误解的情况下签订的，因此该协议不是他的真实意思表示，而且吴某因签订该合同损失了几十万元的征收补偿款，因此吴某可以向法院申请撤销协议书。

法律条文

《中华人民共和国民法典》

第一百四十七条 基于重大误解实施的民事法律行为，行为人有权请求人民法院或者仲裁机构予以撤销。

一句话说法

当事人在实施民事法律行为时，因对一些事项存在重大误解而作出了违背自己真实意愿行为的，为了避免自己受到较大损失，可以请求撤销已作出的法律行为。

征收程序　　**133**

54. 房屋征收部门不履行补偿协议的，被征收人该如何维权？

📞 案例背景

王某家住在某市郊区，地理位置并不优越，交通也是很不方便。后来由于市政府决定在当地建立高铁站，王某家所在地区的优越性就凸显出来。王某与市政府签订了征收补偿协议，协议约定王某可以置换一套幸福花园3栋1802室140平方米的房屋，置换房于2021年5月1日交付；同时给付过渡期安置费每月2000元，此款于每月5号之前打入王某银行卡。违约责任约定为：甲方不能按时交付房屋时，需继续向乙方支付安置费直至房屋交付。协议签订后，王某就到单位附近临时租了一套房屋居住。然而，协议约定的交房期满后，征收部门并没有实际交付给王某，也不再支付给王某过渡期安置费。王某拿着协议找到了政府，然而工作人员称，资金全部投在了高铁站的建设上，所有的征收户都不再支付过渡期安置费了，这是政府的决定。那么，政府征收部门的说法合理吗？王某应该怎样维权呢？

学法有疑

征收部门不履行征收协议的，被征收人应当如何维权？

法律讲堂

我国《民法典》第五百七十七条规定："当事人一方不履行合同义务或者履行合同义务不符合约定的，应当承担继续履行、采取补救措施或者赔偿损失等违约责任。"第五百八十五条第一款规定："当事人可以约定一方违约时应当根据违约情况向对方支付一定数额的违约金，也可以约定因违约产生的损失赔偿额的计算方法。"由此可见，合同签订后，双方当事人都应当全面履行合同义务，一方违约不履行合同义务或者履行合同义务不符合约定的，另一方当事人可以要求其承担相应的违约责任。具体到房屋征收补偿协议违约，即房屋征收人不按照补偿协议约定按时支付补偿金额或者没有按照约定时间交付调换的房屋或周转房屋的，被征收人可以要求房屋征收人继续履行合同，并赔偿被征收人的损失或支付补偿协议约定的违约金。本案中，王某与征收部门签订的补偿协议中已经就违约条款作出明确规定，征收部门没有按期交付房屋，属于违约行为，王某有权要求征收部门承担违约责任，即要求征收部门按月支付过渡期安置费直至交付置换的房屋。

法律条文

《中华人民共和国民法典》

第五百七十七条 当事人一方不履行合同义务或者履行合同义务不符合约定的，应当承担继续履行、采取补救措施或者赔偿损失等违约责任。

第五百八十五条 当事人可以约定一方违约时应当根据违约情况向对方支付一定数额的违约金,也可以约定因违约产生的损失赔偿额的计算方法。

约定的违约金低于造成的损失的,人民法院或者仲裁机构可以根据当事人的请求予以增加;约定的违约金过分高于造成的损失的,人民法院或者仲裁机构可以根据当事人的请求予以适当减少。

当事人就迟延履行约定违约金的,违约方支付违约金后,还应当履行债务。

一句话说法

房屋征收补偿协议对征收部门和被征收人都具有合同法律效力,一方不履行合同义务或者履行合同义务不符合约定的,另一方有权依据协议约定要求对方承担违约责任。对于征收补偿协议,被征收人应当主动履行搬迁、交付产权证书等义务,而作为征收人的政府部门也应当积极履行支付补偿款、按期交付房屋等义务。这不但是征收部门的一项合同义务,还是政府践行公共诚信的表现。

第 4 节　作出补偿决定

55. 被征收房屋所有权权属不明，征收部门应如何作出补偿决定？

案例背景

宋某经人介绍认识了一名女子孙某，二人互相了解了一段时间后迅速结婚了。婚后，孙某生有一女儿，取名宋雪。结婚三年多后，宋某另结新欢，执意要与孙某离婚。二人对宋某名下的一处二居室住房的分割问题迟迟没有达成协议，后宋某同意将房产留给女儿，并写下了赠与协议，双方这才到民政局办理了离婚手续。之后没多久，宋某因为经济问题，私自将该处房屋卖给了自己的朋友苏某，但双方碍于朋友情面，并未办理任何手续。2019 年年初，该房屋所在区域被划入整改范围，所有房屋均要征收。房屋征收部门找到了宋某，要与其签订补偿协议时，才得知其已经离婚，该房屋的房产证在前妻孙某手中。征收部门找到孙某时，孙某称房屋已经送给女儿了，补偿款应该归女儿所有。宋某眼看自己一分钱也得不到，就将此事告知了朋友苏某。苏某与孙某就房屋的产权问题争执不下，征收部门该如何处理呢？

学法有疑

面对产权存在争议的房屋，征收部门该如何做出补偿决定？

法律讲堂

房屋征收补偿的对象是被征收房屋的所有权人，但是当被征收房屋所有权人不明确时，如被征收房屋无产权关系证明、产权人下落不明、暂时无法考证产权的合法所有人或因产权关系正在诉讼等，房屋征收部门应该如何处理呢？根据我国《国有土地上房屋征收与补偿条例》第二十六条第一款的有关规定，被征收房屋所有权人不明确的，由房屋征收部门报请作出房屋征收决定的市、县级人民政府依照本条例的规定，按照征收补偿方案作出补偿决定，并在房屋征收范围内予以公告。具体到案例中，对宋某被征收房屋的所有权归属存在争议，无法确定被征收人，为了保证征收补偿的公平公正，征收部门可以报请市政府按照征收补偿方案作出补偿决定，并在房屋征收范围内予以公告。

法律条文

《国有土地上房屋征收与补偿条例》

第二十六条第一款 房屋征收部门与被征收人在征收补偿方案确定的签约期限内达不成补偿协议，或者被征收房屋所有权人不明确的，由房屋征收部门报请作出房屋征收决定的市、县级人民政府依照本条例的规定，按照征收补偿方案作出补偿决定，并在房屋征收范围内予以公告。

一句话说法

房屋征收补偿的对象是房屋的所有权人，征收部门应当与房屋的所有权人签订补偿协议。一旦房屋所有权人不明确，那么征收工作就无法继续进行。因此，法律明确规定在此情况下，市、县级人民政府须依法按照征收补偿方案的规定作出补偿决定。

56. 征收人无法满足被征收人提出的高额补偿金,无法达成补偿协议时,应该怎么办?

案例背景

赵某在某县商业圈附近有一套三居室,后因女儿上学,又在别处购买了一套新房。由于那套三居室的地理位置特别好,好多人曾出高价购买赵某的这套房屋,但赵某都没有舍得卖。2019年年底,该县政府决定扩大县城商业圈,包括赵某的那套三居室在内的几十户居民都面临着征收问题。赵某认为自家房屋地理位置好,想趁征收的机会多得到一些补偿。根据政策,赵某可以置换一套130平方米的房屋,并得到10万元的补偿款。但赵某认为自家房屋的价值远比这些高,于是一直拖着不在补偿协议上签字,并要求征收部门修改协议,分给自己一套145平方米的房屋,再分一套50平方米的商铺。由于赵某提出的补偿条件过高，征收部门无法满足赵某的要求。尽管征收人一直找赵某做工作，但赵某就是不同意签字。现在征收工作已经接近尾声，赵某的工作还没有做通。那么，在此情况下，征收方应该怎样做才能继续进行征收工作？

学法有疑

面对被征收人提出的高价补偿，征收部门无法与其达成补偿协议的，该怎么处理？

法律讲堂

征收部门作出的征收补偿方案不但有法律依据，也有事实依据，补偿方案不会无视被征收人的合法权益而随意制订。然而实践中经常会出现被征收人借房屋征收之机，以不签订补偿协议、不配合征收工作的手段为要挟，妄想从中发财而向征收部门漫天要价的情况。但是，根据我国《国有土地上房屋征收与补偿条例》第二十六条第一款有关规定，房屋征收部门与被征收人在征收补偿方案确定的签约期限内达不成补偿协议，由房屋征收部门报请作出房屋征收决定的市、县级人民政府依照本条例的规定，按照征收补偿方案作出补偿决定，并在房屋征收范围内予以公告。具体到案例中，在征收补偿方案确定的签约期限内，经过多次协商，征收方都未能与赵某达成补偿协议，房屋征收部门可以报请县政府，由政府按照征收补偿方案作出补偿决定，并在房屋征收范围内予以公告。

法律条文

《国有土地上房屋征收与补偿条例》

第二十六条第一款 房屋征收部门与被征收人在征收补偿方案确定的签约期限内达不成补偿协议，或者被征收房屋所有权人不明确的，由房屋征收部门报请作出房屋征收决定的市、县级人民政府依照本条例的规定,按照征收补偿方案作出补偿决定,并在房屋征收范围内予以公告。

一句话说法

  房屋征收方与被征收人在房屋征收补偿中,属于合同的相对方,双方代表了不同的利益,很可能会因补偿方式、补偿金额等合同条款产生分歧。当双方在补偿方案确定的签约期限内无法达成补偿协议时,征收部门可以依法向作出征收决定的市、县政府报请作出补偿决定,以此来限制被征收人的不合理要求。

57. 征收人因未与被征收人达成补偿协议而需要作出补偿决定时，该决定书的内容有哪些呢？

案例背景

小王的父亲去世时将自己名下的一处房产留给了小王。可是，没多久小王就听说，该区域因为县政府的旧城改造项目需要全部征收。小王因为还沉浸在丧父之痛中，不愿意父亲生前居住的房屋被拆除，所以，无论征收部门怎样跟小王做工作，小王就是不签订补偿协议。直到补偿方案确定的签约期满后，小王还是没有与征收部门签订补偿协议。后征收部门决定上报县政府制作征收补偿决定书，那么该决定书应包括哪些内容呢？

学法有疑

征收补偿决定书应当包括哪些内容？

法律讲堂

征收补偿决定书是征收部门在补偿方案确定的签约期限内无法与被征收人达成补偿协议时，单方作出的决定书。由于涉及被征收人财产权益，法律对决定书的内容有着严格的要求。根据《国有土地上房屋征收与补偿条例》第二十五条、第二十六条的规定，补偿决定的内容应依据已经公布的征收补偿方案，结合补偿方案及补偿协议的有关内容，做到公平、公正。补偿决定应当包含如下内容：（1）征收人与被征收人的基本情况及被征收房屋的具体位置；（2）争议的主要事实和理由；（3）补偿决定的内容：补偿方式、补偿金额及支付期限、用于产权调换房屋的地点和面积、搬迁费、临时安置费或周转用房、停业停产损失、搬迁期限、过渡方式和过渡期限等；（4）补偿决定的依据、理由；（5）告知被征收人行政复议、行政诉讼的权利及申请行政复议、行政诉讼的期限；（6）作出补偿决定的市、县级人民政府的名称，作出补偿决定日期，加盖公章等。

法律条文

《国有土地上房屋征收与补偿条例》

第二十五条 房屋征收部门与被征收人依照本条例的规定，就补偿方式、补偿金额和支付期限、用于产权调换房屋的地点和面积、搬迁费、临时安置费或者周转用房、停产停业损失、搬迁期限、过渡方式和过渡期限等事项，订立补偿协议。

补偿协议订立后，一方当事人不履行补偿协议约定的义务的，另一方当事人可以依法提起诉讼。

第二十六条 房屋征收部门与被征收人在征收补偿方案确定的签约期限内达不成补偿协议，或者被征收房屋所有权人不明确的，由房屋征收部门报请作出房屋征收决定的市、县级人民政府依照本条例的规定，按照征收补偿方案作出补偿决定，并在房屋征收范围内予以公告。

补偿决定应当公平，包括本条例第二十五条第一款规定的有关补偿协议的事项。

被征收人对补偿决定不服的，可以依法申请行政复议，也可以依法提起行政诉讼。

一句话说法

补偿决定关系到被征收人的财产权益。因此，补偿决定要依据征收补偿方案作出，决定内容要公平、合理。需要注意的是，补偿决定书应当明确告知被征收人不服补偿决定时的救济途径。

征收程序 **143**

58. 面对补偿决定书，被征收人如何认定其内容是否合法合理？

案例背景

某县近年来发展迅速，居民收入水平不断提高，家用轿车的数量也日渐增多，县城原本宽阔的街道现在经常被堵塞，县政府决定拓宽主城区交通路面。2020年夏，该县政府划定了征收整改范围，小李所住的小区恰好在被征收范围内。小李得知自己的房屋要被征收后，就一直盘算着可以置换到两套小二居。征收部门经过专人测量后，给出了房屋置换补偿协议，该协议内容与小李的想法相差甚远，小李拒不签订补偿协议。后征收部门与小李多次商量补偿条件，但双方一直没有达成协议。补偿方案确定的签约期满后，征收部门就小李的房屋征收补偿问题发布了补偿决定书。小李看到该决定书后，认为该决定书有失公平，侵犯了自己的合法权益。那么，如何判定补偿决定书是否合法、公平、合理呢？

学法有疑

那么，如何判定补偿决定书是否合法、公平、合理呢？

法律讲堂

补偿决定书是在房屋征收部门与被征收人在征收补偿方案确定的签约期限内没有达成补偿协议，或者被征收房屋所有权人不明确时作出的征收补偿文件。市、县级人民政府作出补偿决定时不但要符合法律规定，还应当做到公平合理，满足下面的条件：其一，补偿决定作出的程序和条件应符合法律规定，补偿决定的作出只能源于法律规定的两种情况。其二，补偿决定的内容要符合法律规定，补偿决定书必须包含补偿方式、补偿金额、权利救济等法定内容。本案中，小李可以根据房屋征收公告及征收补偿方案确定自己得到的补偿是否合理。

法律条文

《国有土地上房屋征收与补偿条例》

第二十六条 房屋征收部门与被征收人在征收补偿方案确定的签约期限内达不成补偿协议，或者被征收房屋所有权人不明确的，由房屋征收部门报请作出房屋征收决定的市、县级人民政府依照本条例的规定，按照征收补偿方案作出补偿决定，并在房屋征收范围内予以公告。

补偿决定应当公平，包括本条例第二十五条第一款规定的有关补偿协议的事项。

被征收人对补偿决定不服的，可以依法申请行政复议，也可以依法提起行政诉讼。

一句话说法

补偿决定书是征收部门单方制作关于被征收人补偿问题的行政决定文书,与征收补偿协议这种双方合议的结果有所不同,该决定书只有合理、合法、公正,才能使被征收人信服,才能真正有利于征收工作的顺利进行。

59. 征收补偿决定书应该如何送达被征收人？

案例背景

某县政府决定打造"宜居宜业"城市，对县城进行绿化建设。县政府依据规划方案划定了征收整改范围，刘某有一套房屋恰好在征收范围内。刘某找了一个房屋征收部门的朋友咨询了一下，又找了几个房屋中介公司了解了一下情况，大概估算了一下自己的房屋价值。他觉得自己大概可以分到两套90平方米的楼房，还可以再分得十几万元的补偿款。一想到这里，刘某就非常高兴。可是，当房屋征收部门的补偿方案公布后，刘某发现自己只能分得一套145平方米的房屋，不禁闹起了情绪，拒绝搬走。经过征收部门多次与刘某沟通，刘某仍旧不同意签订补偿协议。后征收部门按照规定就刘某的房屋征收补偿问题作出了一份征收补偿决定书。请问，征收部门应该如何将补偿决定书送达给刘某呢？

学法有疑

征收部门作出的补偿决定书应该如何送达给被征收人呢？

法律讲堂

房屋征收部门与被征收人在征收补偿方案确定的签约期限内没有达成补偿协议的，房屋征收部门应当报请作出房屋征收决定的市、县级人民政府按照补偿方案作出补偿决定，并送达被征收人。由于双方无法就补偿事宜自愿达成协议，被征收人愿意接收决定书的可能性不大。因此，法律对于补偿决定书的送达采取了公告送达的方式。根据我国《国有土地上房屋征收与补偿条例》第二十六条的规定，市、县人民政府作出补偿决定后，应当在房屋征收范围内进行公告。补偿决定公告应当包含如下的内容：第一，征收补偿协议的相关内容。这项内容是被征收人了解征收部门单方作出的征收补偿结果的信息来源，对被征收人来讲是最重要的。第二，行政复议和行政诉讼等被征收人维护自己的合法权益的救济途径。具体到案例中，刘某在征收补偿方案确定的签约期限内没能和征收部门达成补偿协议，征收部门可以报请县人民政府，由政府按照征收补偿方案作出补偿决定，并在房屋征收范围内予以公告，以公告送达的方式完成送达义务。

法律条文

《国有土地上房屋征收与补偿条例》

第二十六条 房屋征收部门与被征收人在征收补偿方案确定的签约期限内达不成补偿协议，或者被征收房屋所有权人不明确的，由房屋征收部门报请作出房屋征收决定的市、县级人民政府依照本条例的规定，按照征收补偿方案作出补偿决定，并在房屋征收范围内予以公告。

补偿决定应当公平，包括本条例第二十五条第一款规定的有关补偿协议的事项。

被征收人对补偿决定不服的，可以依法申请行政复议，也可以依法提起行政诉讼。

一句话说法

征收补偿决定书对被征收人的利益有着重大的影响。由于该决定书是征收部门单方制作的行政文书，决定书送达问题成了保障被征收人知情权、救济权的关键环节。公告送达方式能够有效解决送达难的问题。

60. 被征收人认为补偿决定书的内容侵犯了自身权益，应该怎么办呢？

案例背景

程某夫妻二人膝下有二子一女，三个孩子都已经成家立业。由于程某的小儿子程兵经济困难，一直没有买房，结婚后还是跟程某夫妻住在一起。2017年年底，程某夫妻二人外出旅游时，不幸发生交通事故，夫妻二人当场死亡。处理完父母的丧事后，程兵的姐姐和哥哥都同意弟弟继续住在父母留下的房屋里，并没有对房屋进行实际分割继承。2019年3月，当地政府决定征收程兵所住区域内的房屋，程兵的姐姐和哥哥听说后，要求按照法定继承方式继承父母的遗产，参与征收补偿。此时，程兵拿出了一份只有程某签字的遗嘱，声称房屋是父母留给自己一人的。面对这样的情况，征收部门最终根据法律规定作出了补偿决定书。但是，程兵姐弟三人都认为此决定书不合理、不公平。那么，他们应该怎样做，才能维护自己的权益呢？

学法有疑

被征收人认为补偿决定书的内容侵犯了自己的权益的，应该如何维权呢？

法律讲堂

行政机关作出补偿决定的行为属于具体行政行为，行政相对人对具体行政行为不服的，既可以申请行政复议，也可以提起行政诉讼。我国《国有土地上房屋征收与补偿条例》第二十六条第三款规定："被征收人对补偿决定不服的，可以依法申请行政复议，也可以依法提起行政诉讼。"被征收人对补偿决定不服的，可以依法在知道作出该具体行政行为之日起六十日内，向作出补偿决定的市、县人民政府的上一级人民政府申请行政复议，或是在依法知道作出具体行政行为之日起三个月内向人民法院提起行政诉讼。在依法提起行政复议后对复议决定仍然不服的，可以自收到复议决定书之日起十五日内向人民法院提起行政诉讼。因此，本案中，如果程兵姐弟不服当地政府作出的补偿决定，既可申请行政复议，也可提起行政诉讼，但都必须在法定期限内采取救济措施，一旦超过了期限就丧失了救济的权利，即使认为自己的权益受到了侵害，也只能依照补偿决定书得到征收补偿。

法律条文

《国有土地上房屋征收与补偿条例》

第二十六条 房屋征收部门与被征收人在征收补偿方案确定的签约期限内达不成补偿协议，或者被征收房屋所有权人不明确的，由房屋征收部门报请作出房屋征收决定的市、县级人民政府依照本条例的规定，按照征收补偿方案作出补偿决定，并在房屋征收范围内予以公告。

补偿决定应当公平，包括本条例第二十五条第一款规定的有关补偿协议的事项。

被征收人对补偿决定不服的，可以依法申请行政复议，也可以依法提起行政诉讼。

一句话说法

征收人对补偿决定不服的，既可以依法申请行政复议，也可以依法提起行政诉讼。但被征收人必须在法定的期限内采取救济措施，否则征收部门可就被征收人的拒不履行行为申请强制执行。

第 4 章 强制征收

61. 法院能否对被征收人实行强制征收?

案例背景

某县近年来开发原生态旅游,带动了经济发展,创造了良好的效益。县政府决定进一步加大发展力度,对旧城区毗邻景区的某老旧小区实行征收改造。政府公告的征收补偿条件较为合理,大部分居民积极配合政府的工作,只有李大爷一家一直拒绝签订征收补偿协议。政府多次派人到李大爷家做工作,但都无功而返。在法律规定的时间内,李大爷既没进行行政复议,也没提起相关诉讼,就是迟迟不搬离小区。无奈之下,县政府决定申请司法强制征收。

学法有疑

针对这种情况,县政府作为征收人,是否可以申请法院进行强制征收呢?

法律讲堂

根据我国《国有土地上房屋征收与补偿条例》第二十八条第一款的规定,被征收人在法定期限内不申请行政复议或者不提起行政诉讼,在补偿决定规定的期限内又不搬迁的,由作出房屋征收决定的市、县级人民政府依法申请人民法院强制执行。也就是说,通过作出房屋征收决定的政府申请,由人民法院采取强制执行措施,迫使被征收人完成房屋搬迁任务。《国有土地上房屋征收与补偿条例》的出台明确取消了行政强制征收,规范了征收程序,维护了被征收人的合法权益。本案中，李大爷一家既未申请行政复议，也未提起行政诉讼，在规定期限内又不搬离，在此情况下，政府是可以依法申请法院对其进行强制征收的。

法律条文

《国有土地上房屋征收与补偿条例》

第二十八条　被征收人在法定期限内不申请行政复议或者不提起行政诉讼，在补偿决定规定的期限内又不搬迁的，由作出房屋征收决定的市、县级人民政府依法申请人民法院强制执行。

强制执行申请书应当附具补偿金额和专户存储账号、产权调换房屋和周转用房的地点和面积等材料。

一句话说法

实践中，被征收人会出于各方面的原因不愿意按期搬迁，如因眷恋旧宅或对补偿方案不满等。对此，法律从各个环节充分保障被征收人的权益，赋予其表达意见和个人救济的权利，若被征收人既不启动救济程序又拒绝搬迁，则法院可依法采取强制手段，确保征收工作的顺利进行。

62. 市、县政府申请强制征收应向法院提交哪些材料？

案例背景

刘先生和妻子结婚时以贷款的方式在市区购买了一套房屋，高大宽敞，地段也好，令亲戚朋友很是羡慕。可惜时代变化快，三十年过去了，城市的发展重心南移，刘先生家的小区面临征收的命运。公布房屋征收决定以后，政府征求了居民们的意见并拟定了房屋征收补偿方案。刘先生和几个朋友在一起商议，均认为政府给的补偿条件过低，因此商量着拒绝签订补偿协议，一起做"钉子户"。几次协商未果，刘先生和朋友也均未在规定期限内提起行政复议或者行政诉讼。政府依法向法院申请对刘先生等人的房屋实行强制征收。

学法有疑

在该程序中，该市政府应向法院提交哪些材料？

法律讲堂

根据《国有土地上房屋征收与补偿条例》第二十八条的规定，该市政府应该提交由该市人民政府负责人签名，加盖政府印章的强制执行申请书，强制执行申请书应当附具补偿金额和专户存储账号、产权调换房屋和周转用房的地点和面积等材料。此外，根据《最高人民法院关于办理申请人民法院强制执行国有土地上房屋征收补偿决定案件若干问题的规定》，申请方还应当提交：征收补偿决定及相关证据和所依据的规范性文件；征收补偿决定送达凭证、催告情况及房屋被征收人、直接利害关系人的意见；社会稳定风险评估材料；申请强制执行的房屋状况；被执行人的姓名或者名称、住址及与强制执行相关的财产状况等具体情况；法律、行政法规规定应当提交的其他材料。

法律条文

《国有土地上房屋征收与补偿条例》

第二十八条 被征收人在法定期限内不申请行政复议或者不提起行政诉讼,在补偿决定规定的期限内又不搬迁的,由作出房屋征收决定的市、县级人民政府依法申请人民法院强制执行。

强制执行申请书应当附具补偿金额和专户存储账号、产权调换房屋和周转用房的地点和面积等材料。

《最高人民法院关于办理申请人民法院强制执行国有土地上房屋征收补偿决定案件若干问题的规定》

第二条 申请机关向人民法院申请强制执行,除提供《条例》第二十八条规定的强制执行申请书及附具材料外,还应当提供下列材料:

(一)征收补偿决定及相关证据和所依据的规范性文件;

(二)征收补偿决定送达凭证、催告情况及房屋被征收人、直接利害关系人的意见;

(三)社会稳定风险评估材料;

(四)申请强制执行的房屋状况;

(五)被执行人的姓名或者名称、住址及与强制执行相关的财产状况等具体情况;

(六)法律、行政法规规定应当提交的其他材料。

强制执行申请书应当由申请机关负责人签名,加盖申请机关印章,并注明日期。

强制执行的申请应当自被执行人的法定起诉期限届满之日起三个月内提出;逾期申请的,除有正当理由外,人民法院不予受理。

第三条 人民法院认为强制执行的申请符合形式要件且材料齐全的,应当在接到申请后五日内立案受理,并通知申请机关;不符合形式要件或者材料不全的应当限期补正,并在最终补正的材料提供后五日内立案受理;不符合形式要件或者逾期无正当理由不补正材料的,裁定不予受理。

申请机关对不予受理的裁定有异议的,可以自收到裁定之日起十五日内向上一级人民法院申请复议,上一级人民法院应当自收到复议申请之日起十五日内作出裁定。

一句话说法

房屋征收涉及被征收人的重大财产利益。政府作为国家机关，在向法院申请对被征收人实行强制征收时，提交的材料应合法规范、全面具体，大体可分为征收决定和决定依据的相关材料，以及证明被征收人拒绝征收的有关证据材料，以便法院及时准确地作出裁判。

63. 政府向法院申请强制征收，有期限限制吗？

案例背景

2018年，某市政府出台了旧城区改造计划，涉及对林某所居住的一处平房进行征收。政府派了工作人员到这片居民区公示了征收公告，在征求居民意见和建议的基础上，制订了征收补偿方案。其他居民对该方案比较满意，都很顺利地签署了补偿安置协议。但林某提出了许多不合理要求，并表示若政府无法满足她的要求，她将拒绝搬离。2018年年底，其他居民都已收到房屋征收决定书并全部搬离，只剩下林某一家迟迟不肯搬走。2019年5月，因施工需要，政府向法院提起了强制征收的申请，但是有人指出现在提出申请已经超期了。

学法有疑

政府向法院申请强制征收，有期限限制吗？对于超期的申请，法院会受理吗？

法律讲堂

政府向法院申请强制征收是有期限限制的，对于超期申请强制执行的，法院将不会受理。根据《国有土地上房屋征收与补偿条例》第二十八条的规定可知，在法定期间内，被征收人具备"不复议""不起诉""不搬迁"这三个前提条件的情况下，即允许征收人申请法院实施强制征收，申请强制征收超过法定期间的，人民法院将不再受理。根据《最高人民法院关于办理申请人民法院强制执行国有土地上房屋征收补偿决定案件若干问题的规定》第二条的规定可知，"法定期间"为"被执行人的法定起诉期限届满之日起三个月内"；逾期申请的，除有正当理由外，人民法院不予受理。具体而言，法定起诉期限应为自征收当事人收到行政机关作出的房屋征收决定书之日至其后的三个月。此后的三个月内为征收人申请强制执行的期限，在这一期限届满后的三个月内就是申请强拆期限，也即自被征收人收到房屋征收决定书后的三个月至六个月内为强拆申请期限。因此，案例中被征收人林某三个月的起诉期届满后，接下来的三个月期间即为强拆申请期限。

法律条文

《国有土地上房屋征收与补偿条例》

第二十八条第一款 被征收人在法定期限内不申请行政复议或者不提起行政诉讼，在补偿决定规定的期限内又不搬迁的，由作出房屋征收决定的市、县级人民政府依法申请人民法院强制执行。

《最高人民法院关于办理申请人民法院强制执行国有土地上房屋征收补偿决定案件若干问题的规定》

第二条 申请机关向人民法院申请强制执行，除提供《条例》第二十八条规定的强制执行申请书及附具材料外，还应当提供下列材料：

（一）征收补偿决定及相关证据和所依据的规范性文件；

……

（六）法律、行政法规规定应当提交的其他材料。

强制执行申请书应当由申请机关负责人签名，加盖申请机关印章，并注明日期。

强制执行的申请应当自被执行人的法定起诉期限届满之日起三个月内提出；逾期申请的，除有正当理由外，人民法院不予受理。

一句话说法

近年来，出台的法律法规对房屋征收补偿程序进行了更加明确的规范和更加严格的限制，尤其对行政机关的行为做了具体的规定，行政机关应严格按照法律规定的程序和时间开展征收工作。

64. 法院在发出强制征收的公告后可以立即实施吗?

> 我们向法院申请了对你的房屋实施强制征收,计划今天就拆。

> 得给我留出一定自主履行期限吧。

案例背景

吕先生在某市北边拥有一处占地三百多平方米的英语培训机构,2019年年初,该市政府依政策对该处房屋进行征收。在被征收人的参与下拟定了房屋征收补偿方案,通过房屋产权调换的方式对被征收人进行补偿。吕先生多次对该方案提出意见,政府也都认真听取并对方案做了相应调整,形成了最终的版本。但吕先生仍然以各种理由拒绝签订协议,也拒不搬迁。政府依法向法院申请了对吕先生的房屋实施强制征收,吕先生的房屋将不日被拆除。

学法有疑

法院在发出公告后可以立即进行强拆吗?

法律讲堂

法院发出相关公告后是不能立即进行强拆的，应给被执行人留出必要时间，责令其在指定期限内履行。启动司法强制征收程序的必备条件就是存在合法有效的执行依据，如补偿安置协议、责令收回土地的决定等。对于满足前述条件并进入强制征收程序，应依据《民事诉讼法》第二百五十条之规定，由人民法院的院长签署相关公告，鼓励被执行人在最后期限主动履行搬迁义务；逾期不履行的，才由执行员根据法定程序实施强制执行。强制执行过程中，依据法院的协助执行通知，被执行人所在单位和房屋所在地的基层组织应当派人协助执行。搬迁过程、搬迁涉及财物将如实记入笔录并签章。

法律条文

《中华人民共和国民事诉讼法》

第二百五十条　强制迁出房屋或者强制退出土地，由院长签发公告，责令被执行人在指定期间履行。被执行人逾期不履行的，由执行员强制执行。

……

强制迁出房屋被搬出的财物，由人民法院派人运至指定处所，交给被执行人。被执行人是公民的，也可以交给他的成年家属。因拒绝接收而造成的损失，由被执行人承担。

一句话说法

在征收工作中，我国法律充分维护被征收人的合法权益。体现在强制拆除环节，即使已公告对被征收人的房屋进行强拆，仍要给被征收人留出一定的自主履行期限，充分尊重被征收人，力求征收工作在和谐的氛围中进行。

65. 政府采取断水断电的方式强迫被征收人搬迁是否合法？

案例背景

冯大妈所住的房屋已有五十多年的历史，所在市政府于2017年年初便作出了对该片房屋的征收决定。冯大妈得知这一消息后非常抵触，政府工作人员多次派人与冯大妈沟通解释，但都被拒之门外。原来，这房子是冯大妈和老伴年轻时一起盖的，老伴去世后，冯大妈也不愿搬去儿子的楼房住，这老房就是她的精神支柱。2019年4月，多数住户均搬离老房，只有冯大妈和几位邻居没搬走，政府无奈，有人提出可以用断水断电的方式，迫使"钉子户"搬迁。

学法有疑

根据我国法律，征收单位可以采取断水断电的方式强迫被征收人搬迁吗？

法律讲堂

显然是不可以的。我国《行政强制法》第六十一条明确规定，对居民生活采取停止供水、供电、供热、供燃气等方式迫使当事人履行相关行政决定的，由上级行政机关或者有关部门责令改正，对直接负责的主管人员和其他直接责任人员依法给予处分。同时，《国有土地上房屋征收与补偿条例》的第二十七条也规定了任何单位和个人不得采取暴力、威胁或者违反规定中断供水、供热、供气、供电和道路通行等非法方式迫使被征收人搬迁。从另一个角度讲，采取断水断电的方式逼迫被征收人搬迁，容易激化矛盾，不利于征收工作的顺利进行。因此，拆迁单位的断水断电行为是违法的，实践中若有此种情况发生，被征收人可以拿起法律武器维护自身的合法权益。

法律条文

《中华人民共和国行政强制法》

第六十一条 行政机关实施行政强制,有下列情形之一的,由上级行政机关或者有关部门责令改正,对直接负责的主管人员和其他直接责任人员依法给予处分:

(一) 没有法律、法规依据的;

……

(五) 对居民生活采取停止供水、供电、供热、供燃气等方式迫使当事人履行相关行政决定的;

(六) 有其他违法实施行政强制情形的。

《国有土地上房屋征收与补偿条例》

第二十七条 实施房屋征收应当先补偿、后搬迁。

……

任何单位和个人不得采取暴力、威胁或者违反规定中断供水、供热、供气、供电和道路通行等非法方式迫使被征收人搬迁。禁止建设单位参与搬迁活动。

一句话说法

在法律不健全的情况下,有些行政机关为完成征收工作,采取断水断电等极端的方式迫使被征收人妥协。这种做法不仅激化了矛盾,更加不利于公民财产权益的保护。

66. 行政机关对违法建筑是否具有强制征收权？

案例背景

曹某一家居住在某市一片旧式的平房区，近些年曹某做生意赚了不少钱，想为家人购置一套别墅，但看了很多都没有满意的。曹某觉得自家的老平房其实条件不错，打算再加盖两层。就这样，曹某家的平房改造工程如火如荼地展开了，没多久，两层楼房的加盖就完成了。附近邻居对此怨言颇多，因为新加盖的楼房不仅有碍观赏，还严重影响了周边房子的采光。大家多次与曹某沟通，希望其拆除这两层楼房，但都被无理地拒绝了，万般无奈之下，深受影响的邻居只好将情况反映给有关部门。有关部门得知后告知曹某加盖的楼房属于违法建筑，应当限期拆除，否则将对其进行强制拆除。那么，行政机关对违法建筑是否具有强制拆除权？

学法有疑

对于违法建筑，应由谁来执行强拆？

法律讲堂

我国《行政强制法》第四十四条涉及了拆违主体问题，该条文规定对违法的建筑物、构筑物、设施等需要强制拆除的，应当由行政机关予以公告，限期当事人自行拆除。当事人在法定期限内既不申请行政复议或者提起行政诉讼，又不拆除的，行政机关可以依法强制拆除。另外，为统一法律适用，最高人民法院也出台了《关于违法的建筑物、构筑物、设施等强制拆除问题的批复》，进一步明确了行政机关与人民法院的权责分配。该批复明确规定了"对涉及违反城乡规划法的违法建筑物、构筑物、设施等的强制拆除，法律已经授予行政机关强制执行权，人民法院不受理行政机关提出的非诉行政执行申请。"结合上述规定不难看出，对违法建筑的强制拆除，应由行政机关执行。

法律条文

《中华人民共和国行政强制法》

第四十四条 对违法的建筑物、构筑物、设施等需要强制拆除的,应当由行政机关予以公告,限期当事人自行拆除。当事人在法定期限内不申请行政复议或者提起行政诉讼,又不拆除的,行政机关可以依法强制拆除。

《最高人民法院关于违法的建筑物、构筑物、设施等强制拆除问题的批复》

北京市高级人民法院:

根据行政强制法和城乡规划法有关规定精神,对涉及违反城乡规划法的违法建筑物、构筑物、设施等的强制拆除,法律已经授予行政机关强制执行权,人民法院不受理行政机关提出的非诉行政执行申请。

一句话说法

违法建筑与被征收房屋不同,由有执法权的行政机关进行强制拆除,而无须向法院申请,法院对行政机关提出的违法建筑强制拆除申请也不会受理。

67. 政府提出的强制征收申请，法院都会批准吗？

案例背景

宋大妈的丈夫和儿子早年间因车祸去世，多年来宋大妈一直是一个人生活。2018年，由于旧城区改造，宋大妈的房屋被纳入征收范围。宋大妈对于政府给她补偿置换的房屋并不满意，因此拒绝搬走。还有几户年纪大的老人也存在同样的情况。2019年9月，政府工作人员告知宋大妈等人，如果再不搬走，政府就要申请对他们的房屋进行强制拆除，宋大妈有些动摇了。但有人告诉她，即使政府申请，法院也不一定会批准。那么，对于政府提出的强制征收申请，法院都会批准吗？

学法有疑

对于政府提出的强制执行申请，法院都会批准吗？

法律讲堂

并非所有的强制执行申请法院都会批准。根据《最高人民法院关于办理申请人民法院强制执行国有土地上房屋征收补偿决定案件若干问题的规定》第六条的规定，征收补偿决定存在下列情形之一的，人民法院应当裁定不准予执行：(1) 明显缺乏事实根据；(2) 明显缺乏法律、法规依据；(3) 明显不符合公平补偿原则，严重损害被执行人合法权益，或者使被执行人基本生活、生产经营条件没有保障；(4) 明显违反行政目的，严重损害公共利益；(5) 严重违反法定程序或者正当程序；(6) 超越职权；(7) 法律、法规、规章等规定的其他不宜强制执行的情形。人民法院裁定不准予执行的，应当说明理由，并在五日内将裁定送达申请机关。因此，若法院查明行政机关的征收补偿决定中存在以上规定的情况，则应裁定不准予执行；若不存在以上情况，应批准强制执行申请。

法律条文

《国有土地上房屋征收与补偿条例》

第二十八条第一款 被征收人在法定期限内不申请行政复议或者不提起行政诉讼，在补偿决定规定的期限内又不搬迁的，由作出房屋征收决定的市、县级人民政府依法申请人民法院强制执行。

《最高人民法院关于办理申请人民法院强制执行国有土地上房屋征收补偿决定案件若干问题的规定》

第六条 征收补偿决定存在下列情形之一的，人民法院应当裁定不准予执行：

（一）明显缺乏事实根据；

（二）明显缺乏法律、法规依据；

（三）明显不符合公平补偿原则，严重损害被执行人合法权益，或者使被执行人基本生活、生产经营条件没有保障；

……

一句话说法

法院作为司法机关，对行政机关提出的强制征收申请，负有审查的义务。对于符合强制征收条件的，应当批准申请；对于存在法律规定的不符合情形的，应裁定不予执行。

68. 强制征收过程中,谁来负责被征收人的财产损失?

案例背景

张先生的一处房产被划入征收范围内,张先生十分支持政府工作,但对提供的补偿条件却持有异议,在多次与政府商议后,最终双方达成统一意见并签订了征收补偿协议。没过几日,张先生内心反复思量,觉得这是自己才购买没多久的房屋,自己在购房以及装修过程中费心费力,现在没住多久就要被拆除,心里很不是滋味,于是提出增加补偿款的要求。政府有关部门研究后认为,与张先生的征收补偿协议符合法律和政策的相关规定,对张先生的权益给予了极大的保障和补偿,此时提出增加补偿款的要求于法于理无据。张先生在未向法院、复议机关提出救济的同时,又拒不搬迁,最终导致法院启动强制征收。强拆过程中,张先生的名贵家具被损坏。

学法有疑

强制征收过程中造成被征收人的财产损失,应由谁来承担?

法律讲堂

从实践看,执行机关在进行房屋的强制拆除时,往往存在诸多不文明执法行为;即使严格按照操作规范,由于征收工作的破坏性,有时造成被征收人的财物毁损是在所难免的。这种情况下,依据《国家赔偿法》第四条的规定,行政机关及其工作人员在行使行政职权时造成行政相对人财产损害的,受害人有取得赔偿的权利。因此,案例中张先生的家具在强拆过程中被损坏,可要求负责征收的行政机关作出赔偿。

法律条文

《中华人民共和国国家赔偿法》

第四条 行政机关及其工作人员在行使行政职权时有下列侵犯财产权情形之一的，受害人有取得赔偿的权利：

……

（三）违法征收、征用财产的；

（四）造成财产损害的其他违法行为。

一句话说法

强制征收房屋的行为虽然符合法律的规定，依照法律程序进行，但归根结底是对公民私人合法财产的处分。因此，公民在被强制征收过程中受到的财产损失，应由国家而不是本人来承担。这就要求执行人员在执法过程中要注重文明执法，小心谨慎，尽可能减少或避免财产损坏。

69. 农村房屋由谁进行强制征收？与城市房屋有区别吗？

案例背景

牛家村的牛志国在村里的集体土地上有两间房屋，有相应的村镇房屋所有权证。2019年，该市政府出于发展需要，要修建多条道路，需要征收牛家村的部分土地，牛志国的两间房屋用地也在征收范围之内。该决定被省国土资源厅批准，由市国土资源局负责具体的征地征收工作。前期工作都非常顺利，临近搬迁期限时，牛志国却无缘无故拒绝搬迁。几次沟通无果，国土资源局向法院申请强制征收。

学法有疑

农村的房屋应由谁来实施强拆？与城市房屋有区别吗？

法律讲堂

从我国《国有土地上房屋征收与补偿条例》的规定来看，当下仅保留了司法强制征收这一方式，但对于农村集体土地上存在的待征收房屋则不在《国有土地上房屋征收与补偿条例》的适用范围中。农村房屋征收从法律适用角度来看，应适用土地管理法的相关规定。《土地管理法实施条例》第四十五条规定："违反土地管理法律、法规规定，阻挠国家建设征收土地的，由县级以上人民政府土地行政主管部门责令交出土地；拒不交出土地的，申请人民法院强制执行。"可以看出，国土资源局作为政府土地行政主管部门仅有权责令当事人交出土地，但未被赋予强制拆除农村房屋的权力，因此国土资源局在必要情况下只能申请法院行使司法强制征收权力。所以，农村的房屋也应由法院依法行使强制征收权，这一点上与城市房屋是没有区别的。

法律条文

《中华人民共和国土地管理法实施条例》

第四十五条 违反土地管理法律、法规规定，阻挠国家建设征收土地的，由县级以上人民政府土地行政主管部门责令交出土地；拒不交出土地的，申请人民法院强制执行。

一句话说法

对于农村房屋的强制征收执行权，《国有土地上房屋征收与补偿条例》没有明确规定，但仍可从其他法律规定中看出行政机关没有被赋予强制征收权，这也是符合我国征收工作的原则和法律精神的。农村房屋的强制征收应由法院依法进行。

第5章 征收争议的解决

第1节 行政复议

70. 房屋征收行政复议的被申请人是谁？

案例背景

某市旧城区大部分是几户人家共用一个水表，按照人口平均计算每家水费。这种均摊方式带来的浪费问题较为严重，且实际用水少的住户认为这样实在有失公允。因此，市政府决定改建旧城区的基础设施，并将水费的计量改为一家一户水表，既方便又促进节约用水。基础设施的改建工程要在原有建设的基础之上进行拓展，这样才能满足现有公众的需求。从全局层面出发，政府部门决定征收部分房屋用以基础设施改建工程。李某的房屋恰恰在征收范围内。李某认为自家房屋面积大，可政府给自己的补偿太少，在与征收部门协商无果后，李某想要提出行政复议，但又不知道房屋征收行政复议的被申请人应当是谁？

学法有疑

房屋征收行政复议的被申请人是谁？

法律讲堂

根据《国有土地上房屋征收与补偿条例》第四条的规定，市、县级人民政府负责本行政区域的房屋征收与补偿工作。根据法律规定可以看出，政府部门是房屋征收的主体，房屋征收的行政复议被申请人应该也是作出征收决定的市、县级人民政府。本案的征收决定是市人民政府颁布的，所以房屋征收行政复议被申请人应是市人民政府。

法律条文

《国有土地上房屋征收与补偿条例》

第四条　市、县级人民政府负责本行政区域的房屋征收与补偿工作。

一句话说法

房屋征收与补偿的主体是市、县级人民政府：一是市级人民政府，主要包括直辖市以外设区的市、直辖市所辖区、自治州人民政府等；二是县级人民政府，主要包括不设区的市、市辖区（直辖市所辖区除外）、县、自治县人民政府等。

71. 谁承担房屋征收行政复议时的举证责任？

案例背景

某市旧城区人口较多，但楼房较少，居民住房面积小且房屋破旧，有的甚至是危房。在旧城区居住的大多是老人，他们行动不便，也没有能力购买新房。因此，政府决定对危房区进行改造。方某本想在此安度晚年，但是自己的房屋被纳入征收范围内。不久，方某看到了政府的补偿方案，他认为自己的老房子的补偿款偏低，便对征收工作人员提出质疑，但工作人员回应称确实存在证据的情况下，可向政府复议，自己没有决定权，那复议时应由方某承担举证责任吗？

学法有疑

谁承担房屋征收行政复议时的举证责任呢？

法律讲堂

公民申请行政复议，目的是纠正违法或不当的行政行为，以保障行政相对人的合法权益。由于行政相对人与行政机关存在地位上的不平衡，导致其难以掌握行政行为过程中的相关证据材料。根据《行政复议法》第二十三条的规定：行政复议中被申请人应当自收到申请书副本或者申请笔录复印件之日起十日内，提出书面答复，并提交当初作出具体行政行为的证据、依据和其他有关材料。也就是说，行政复议中由被申请人承担举证责任。

本案中，方某若提出复议申请，则应由作出房屋征收补偿决定的市人民政府承担举证责任，市人民政府应该就其作出房屋征收实施方案所依据的事实、适用的法律法规、是否符合法定的程序以及该行为是否具有适当性进行举证。

法律条文

《国有土地上房屋征收与补偿条例》

第二十六条 房屋征收部门与被征收人在征收补偿方案确定的签约期限内达不成补偿协议，或者被征收房屋所有权人不明确的，由房屋征收部门报请作出房屋征收决定的市、县级人民政府依照本条例的规定，按照征收补偿方案作出补偿决定，并在房屋征收范围内予以公告。

补偿决定应当公平，包括本条例第二十五条第一款规定的有关补偿协议的事项。

被征收人对补偿决定不服的，可以依法申请行政复议，也可以依法提起行政诉讼。

《中华人民共和国行政复议法》

第二十三条 行政复议机关负责法制工作的机构应当自行政复议申请受理之日起七日内，将行政复议申请书副本或者行政复议申请笔录复印件发送被申请人。被申请人应当自收到申请书副本或者申请笔录复印件之日起十日内，提出书面答复，并提交当初作出具体行政行为的证据、依据和其他有关材料。

申请人、第三人可以查阅被申请人提出的书面答复、作出具体行政行为的证据、依据和其他有关材料，除涉及国家秘密、商业秘密或者个人隐私外，行政复议机关不得拒绝。

一句话说法

作出具体行政行为过程中所要依据的规定文件，往往是行政复议中的主要证据。作出具体行政行为的行政主体则对此掌握得更为全面。因此，法律将复议过程中的举证责任分配给了行政主体。

72. 何时提起房屋征收行政复议?

案例背景

某市风景优美,气候宜人,所以每年夏天都有大量游客来此处度假。久而久之,旅游业成为该市经济发展的重要支柱产业。但是到目前为止,道路堵塞、基础设施不完善、环境保护不到位等因素对旅游发展形成了较大的障碍。为破除瓶颈障碍,该市决定加大旅游区的绿化面积并拓宽街道。宋某的房子就在旅游区附近,已经被列入征收范围。政府给予宋某房屋补偿时,经征收工作人员测量认定,被征收房屋面积为180平方米。宋某则对此表示存在异议,坚持认为自己家房屋是186平方米。双方僵持不下,宋某决定提起行政复议。

学法有疑

宋某应该什么时候提起行政复议呢?是什么时候都可以吗?

法律讲堂

《国有土地上房屋征收与补偿条例》第十四条规定:"被征收人对市、县级人民政府作出的房屋征收决定不服的,可以依法申请行政复议,也可以依法提起行政诉讼。"本案中,宋某认为政府房屋测量不准确,侵害了自身合法权益,可以申请行政复议,但是申请行政复议有一定的时间限制。按照《行政复议法》第九条规定:"公民、法人或者其他组织认为具体行政行为侵犯了其合法权益的,可以自知道该具体行政行为之日起六十日内提出行政复议申请;但是法律规定的申请期限超过六十日的除外。因不可抗力或者其他正当理由耽误法定申请期限的,申请自障碍消除之日起继续计算。"本案中,宋某应自知道测量数值存在错误之日起60日内申请行政复议。

法律条文

《国有土地上房屋征收与补偿条例》

第十四条 被征收人对市、县级人民政府作出的房屋征收决定不服的，可以依法申请行政复议，也可以依法提起行政诉讼。

《中华人民共和国行政复议法》

第九条 公民、法人或者其他组织认为具体行政行为侵犯其合法权益的，可以自知道该具体行政行为之日起六十日内提出行政复议申请；但是法律规定的申请期限超过六十日的除外。

因不可抗力或者其他正当理由耽误法定申请期限的，申请期限自障碍消除之日起继续计算。

一句话说法

被征收人提出行政复议的期限是自知道之日起六十日内，确定复议申请期的起始日期可分为以下三种情况：一是当场作出的具体行政行为，在行政机关作出具体行政行为的决定书上的日期为起始日期；二是以行政行为决定书的送达日期为起始日期；三是行政行为决定无法送达，通过公告作出时，公告中所注明的日期或者公告日为起始日期。

73. 被征收人向哪个行政机关申请行政复议？

案例背景

某市以重工业为支柱产业，经济产值快速上升的同时，环境问题却越发严重。该市政府为改善环境质量，保障人民健康生活、工作以及学习，决定增建公园，扩大城市绿化面积。该项工程需征收部分居民房屋土地，王某家被划入了此征收范围内。王某认为，政府征收房屋建造公园是为了自己享受，不是为了公共利益，否则为什么要将公园规划在政府办公楼附近？王某想要提起行政复议，但不知该向哪个机关提出？

学法有疑

王某可以提起行政复议吗？应该向哪个机关申请行政复议？

法律讲堂

根据《国有土地上房屋征收与补偿条例》第十四条的规定，被征收人对市、县级人民政府作出的房屋征收决定不服的，可以依法申请行政复议，也可以依法提起行政诉讼。因此，案例中王某申请行政复议的想法是可行的。

关于王某应该到哪里去申请行政复议，这涉及行政复议管辖的问题。根据《行政复议法》第十二条、十三条的规定，对县级以上地方各级人民政府工作部门的具体行政行为不服的，由申请人选择，可以向该部门的本级人民政府申请行政复议，也可以向其上一级主管部门申请行政复议。对地方各级人民政府的具体行政行为不服的，向上一级地方人民政府申请行政复议。本案中，房屋征收决定是由市人民政府作出的。因此，王某应向省人民政府申请复议。

法律条文

《国有土地上房屋征收与补偿条例》

第十四条　被征收人对市、县级人民政府作出的房屋征收决定不服的,可以依法申请行政复议,也可以依法提起行政诉讼。

《中华人民共和国行政复议法》

第十二条　对县级以上地方各级人民政府工作部门的具体行政行为不服的,由申请人选择,可以向该部门的本级人民政府申请行政复议,也可以向上一级主管部门申请行政复议。

对海关、金融、国税、外汇管理等实行垂直领导的行政机关和国家安全机关的具体行政行为不服的,向上一级主管部门申请行政复议。

第十三条　对地方各级人民政府的具体行政行为不服的,向上一级地方人民政府申请行政复议。

对省、自治区人民政府依法设立的派出机关所属的县级地方人民政府的具体行政行为不服的,向该派出机关申请行政复议。

一句话说法

行政复议的受理机关因被申请人不同而不同:对政府具体部门的行政行为不服的,申请人可以选择由本级政府或上一级主管部门申请复议;对政府的行政行为不服的,向上一级人民政府申请复议。

74. 承租人有权申请房屋征收行政复议吗？

案例背景

王某大学毕业后回到了自己的家乡。由于工作单位距离自己家较远，王某便从家里搬出来，在单位附近租了一套一室一厅的平房，租期为一年，并且交了半年的房租。2019 年，该市计划拓宽城区两条主要交通干道，需要征收部分住房。王某在老城区租住的房屋恰巧也在征收范围之内。此时，王某才承租了一个月，若此时中止承租合同的话，会让王某一时间难以找到合适的居所。王某认为政府的征收决定侵害了自己的利益，希望政府能延迟征收时间。那么，承租人有权对房屋征收行为申请复议吗？

学法有疑

承租人有权申请房屋征收复议吗？

法律讲堂

根据《行政复议法》第十条的规定，依照本法申请行政复议的公民、法人或者其他组织是申请人。公民、法人或者其他组织对行政机关的具体行政行为不服申请行政复议的，作出具体行政行为的行政机关是被申请人。作为行政复议申请人，必须是与被申请复议的具体行政行为有法律上的利害关系的行政管理相对人。根据《国有土地上房屋征收与补偿条例》第一条和第二条可知，所有权人是被征收人，并未将承租人包括在内，所以承租人无权申请行政复议。本案中，王某是承租人，不是被征收人。王某与出租人之间有租赁合同，所以，对于王某的损失应由房东按照房屋租赁合同给予赔偿，而不是申请行政复议。

法律条文

《中华人民共和国行政复议法》

第十条 依照本法申请行政复议的公民、法人或者其他组织是申请人。

……

公民、法人或者其他组织对行政机关的具体行政行为不服申请行政复议的，作出具体行政行为的行政机关是被申请人。

《国有土地上房屋征收与补偿条例》

第一条 为了规范国有土地上房屋征收与补偿活动，维护公共利益，保障被征收房屋所有权人的合法权益，制定本条例。

第二条 为了公共利益的需要，征收国有土地上单位、个人的房屋，应当对被征收房屋所有权人（以下称被征收人）给予公平补偿。

一句话说法

复议申请人是指向行政机关提起行政复议申请的公民、法人或者其他组织，应当具备以下几个条件：一是认为具体行政行为侵犯了自己的合法权益；二是依法向复议机关提出复议申请；三是对于公民来说，通常情况下申请人大多是有权申请行政复议的公民本人，当然也有例外。

75. 达成和解了，房屋征收行政复议还用继续吗？

案例背景

有一条河从某市中心穿过，老百姓将该河以东称为河东，将该河以西称为河西。河东地区是以前的市政府所在地。随着河西经济发展得越来越好，城市的经济中心也渐渐移向河西，两地的经济差距也越拉越大。为了发展老城区，缩小经济差距，市政府决定对河东地区进行现代化改造。其中一项重要举措就是新建人民公园，公园选址在河东道中段。由于附近住户并不多，所以征收工作开展得较为迅速。因被征收人李某在外地务工，所以希望政府能延迟征收，但没有得到征收部门的批准。李某对此决定不服，遂提出行政复议申请。复议期间，工作人员发现李某的住宅恰巧在边缘地带，可以晚一些征收，于是双方达成了和解。那么，既然双方已经达成和解，李某的行政复议还用继续吗？

学法有疑

李某与被申请人达成和解了，行政复议还用继续进行吗？

法律讲堂

行政复议是行政相对人进行权利救济的途径，程序启动后出现法定情形是可以终止的。根据《行政复议法实施条例》第四十二条第四款的规定，申请人与被申请人经行政复议机构准许达成和解的，行政复议终止。本案中，复议被申请人在不影响整体进度的同时，照顾被征收人的个别情况，与申请人达成和解，及时化解矛盾，申请人权利救济基本实现，正在进行的复议程序也就可以相应的终止了。所以，房屋征收行政复议可相应终止，没有必要继续进行了。

法律条文

《中华人民共和国行政复议法实施条例》

第四十一条 行政复议期间有下列情形之一,影响行政复议案件审理的,行政复议中止:

(一)作为申请人的自然人死亡,其近亲属尚未确定是否参加行政复议的;

(二)作为申请人的自然人丧失参加行政复议的能力,尚未确定法定代理人参加行政复议的;

(三)作为申请人的法人或者其他组织终止,尚未确定权利义务承受人的;

(四)作为申请人的自然人下落不明或者被宣告失踪的;

(五)申请人、被申请人因不可抗力,不能参加行政复议的;

(六)案件涉及法律适用问题,需要有权机关作出解释或者确认的;

(七)案件审理需要以其他案件的审理结果为依据,而其他案件尚未审结的;

(八)其他需要中止行政复议的情形。

行政复议中止的原因消除后,应当及时恢复行政复议案件的审理。

行政复议机构中止、恢复行政复议案件的审理,应当告知有关当事人。

第四十二条 行政复议期间有下列情形之一的,行政复议终止:

(一)申请人要求撤回行政复议申请,行政复议机构准予撤回的;

(二)作为申请人的自然人死亡,没有近亲属或者其近亲属放弃行政复议权利的;

(三)作为申请人的法人或者其他组织终止,其权利义务的承受人放弃行政复议权利的;

(四)申请人与被申请人依照本条例第四十条的规定,经行政复议机构准许达成和解的;

(五)申请人对行政拘留或者限制人身自由的行政强制措施不服申请行政复议后,因申请人同一违法行为涉嫌犯罪,该行政拘留或者限制人身自由的行政强制措施变更为刑事拘留的。

依照本条例第四十一条第一款第（一）项、第（二）项、第（三）项规定中止行政复议，满60日行政复议中止的原因仍未消除的，行政复议终止。

一句话说法

行政复议过程中，出现法定情形后，复议程序应宣告终止。行政复议机关继续审查的实体意义已不具有必要性，这既方便人民群众的利益实现，也是一种节约社会资源的表现。

76. 申请房屋征收行政复议是否需要交钱?

案例背景

某市坐落于黄河一条著名支流河畔,千百年里,人民一直依靠着穿城而过的河流繁衍生息。但是随着改革开放以来经济的迅速发展,这条母亲河的污染却越来越严重。为了改善百姓的生活环境,也为了造福子孙后代,市政府决定全面整治河流的污染问题。具体措施为控制污染源头,另外要疏通、拓展河道、注入清水。同时,还计划修整河流两岸,发展旅游产业,所以决定征收两岸部分房屋。张某的房屋在征收范围内。张某认为,控制住污染源头就足够解决河流的污染问题了,至于拓宽河道以及发展旅游产业则完全是没有必要的,这样只会给老百姓带来麻烦。于是张某欲提起行政复议,但他也担心申请行政复议需要个人缴纳费用,那么请问,申请房屋征收行政复议是否需要交钱?

学法有疑

张某申请房屋征收行政复议需要缴纳费用吗?

法律讲堂

公民可以向有关的行政机关提出复议申请,以监督作出房屋征收决定的行政机关依法行使职权。本案涉及房屋征收行政复议是否收费问题,我国《行政复议法》第三十九条明确规定:"行政复议机关受理行政复议申请,不得向申请人收取任何费用。行政复议活动所需经费,应当列入本机关的行政经费,由本级财政予以保障。"从本条的规定可以看出,行政复议对于申请人来说是免费的。那么,本案中的张某对市政府作出的房屋征收决定有异议,可以在规定期限内向上一级人民政府即省人民政府提起行政复议,递交相关材料,不需要缴纳任何费用。

法律条文

《国有土地上房屋征收与补偿条例》

第十四条 被征收人对市、县级人民政府作出的房屋征收决定不服的,可以依法申请行政复议,也可以依法提起行政诉讼。

《中华人民共和国行政复议法》

第三十九条 行政复议机关受理行政复议申请,不得向申请人收取任何费用。行政复议活动所需经费,应当列入本机关的行政经费,由本级财政予以保障。

一句话说法

行政复议有利于加强申请人对行政机关的监督,目的是纠正国家机关的不当和违法行政行为,切实保障作为弱势一方的申请人的合法权益,因此于情于理于法申请行政复议都不应该缴纳任何费用。

77. 双方能否在房屋征收复议期间进行调解？

案例背景

某市为了改善居民的居住条件，计划对一些破旧的小区进行重建，将旧小区建设为绿化好、卫生好、安全性好、交通好的"四好"新类型小区。旧小区居住的主要是老人，他们行动不便，还有的老人的子女在外地工作。因此，该小区一大部分人对征收时间不满意，要求延迟征收时间，给予被征收人更加充分的搬迁时间。于是，多名老人向政府申请行政复议。在复议期间，经过复议机关从中调解，申请人和政府选择了各让一步，最终调解成功。那么，双方在复议期间能接受调解吗？

学法有疑

双方能在房屋征收复议期间进行调解吗？

法律讲堂

调解是指由争议双方当事人之外的第三人出面主持，以国家法律和政策为依据，在平等、自愿、合法的基础上，通过说服、劝解、教育等方法，促使争议双方当事人友好协商、互谅互让、达成协议，从而解决纠纷的一种法律制度。根据《行政复议法实施条例》第五十条第一款的规定："有下列情形之一的，行政复议机关可以按照自愿、合法的原则进行调解：（一）公民、法人或者其他组织对行政机关行使法律、法规规定的自由裁量权作出的具体行政行为不服申请行政复议的；（二）当事人之间的行政赔偿或者行政补偿纠纷。"本案是针对房屋征收时间的争议，属于行政机关行使自由裁量权争议，经双方同意，行政复议机关可以对其进行调解。

法律条文

《中华人民共和国行政复议法实施条例》

第五十条 有下列情形之一的,行政复议机关可以按照自愿、合法的原则进行调解:

(一)公民、法人或者其他组织对行政机关行使法律、法规规定的自由裁量权作出的具体行政行为不服申请行政复议的;

(二)当事人之间的行政赔偿或者行政补偿纠纷。

当事人经调解达成协议的,行政复议机关应当制作行政复议调解书。调解书应当载明行政复议请求、事实、理由和调解结果,并加盖行政复议机关印章。行政复议调解书经双方当事人签字,即具有法律效力。

调解未达成协议或者调解书生效前一方反悔的,行政复议机关应当及时作出行政复议决定。

一句话说法

行政复议是公民、法人或者其他组织通过行政救济途径解决行政争议的一种方法,有两种行政复议是可以调解的:一是涉及行使自由裁量权的争议;二是涉及行政赔偿和行政补偿的争议。

78. 怎样处理申请人既不起诉也不执行行政复议决定的行为?

案例背景

某市为了改善居民生活环境,计划在某小区附近建造一个大型花园。后政府张贴了征收公告,赵某的房屋恰巧在征收范围内。赵某觉得因修建花园而征收自己的房子,导致自己一家人的搬迁,政府的这一做法非常不合理,况且花园只是为了美化环境,不建花园对公共利益产生不了什么大的影响。而且自家的老房子是祖辈留下的,不但是自己一家人的居所,更是一个感情的寄托,怎么能政府一声令下就被征收了呢!一怒之下,赵某申请了行政复议。经过审查,复议机关作出维持具体行政行为的决定。赵某心有怨言,对此决定不予理睬,既不执行复议决定,也不进行起诉。那么,面对这种情况,应当怎样处理申请人既不起诉也不执行行政复议决定的行为呢?

学法有疑

对于赵某的行为,该如何处理?

法律讲堂

根据《行政复议法》第三十二条、第三十三条之规定,被申请人不履行或者无正当理由拖延履行行政复议决定的,行政复议机关或者有关上级行政机关应当责令其限期履行。申请人逾期不起诉又不履行行政复议决定的,或者不履行最终裁决的行政复议决定的,按照下列规定分别处理:(1)维持具体行政行为的行政复议决定,由作出具体行政行为的行政机关依法强制执行,或者申请人民法院强制执行;(2)变更具体行政行为的行政复议决定,由行政复议机关依法强制执行，或者申请人民法院强制执行。由此可见，本案中，赵某如果不想提起行政诉讼的话，就应该履行省政府的行政复议决定。如果他既不执行行政复议决定，也不提起行政诉讼，那么将会被有关机关予以强制执行。

法律条文

《中华人民共和国行政复议法》

第三十二条 被申请人应当履行行政复议决定。

被申请人不履行或者无正当理由拖延履行行政复议决定的，行政复议机关或者有关上级行政机关应当责令其限期履行。

第三十三条 申请人逾期不起诉又不履行行政复议决定的，或者不履行最终裁决的行政复议决定的，按照下列规定分别处理：

（一）维持具体行政行为的行政复议决定，由作出具体行政行为的行政机关依法强制执行，或者申请人民法院强制执行；

（二）变更具体行政行为的行政复议决定，由行政复议机关依法强制执行，或者申请人民法院强制执行。

一句话说法

国家法律为保护被征收人的权利，允许被征收人申请行政复议以实现权利救济，但复议程序结束后，被征收人应当履行复议决定。当然，被征收人提起诉讼的情况应当除外。

第 2 节　行政诉讼

79. 授权委托书需要记明委托权限吗？

案例背景

因国家道路交通发展的需要，郭瑞家的房子被征收。郭瑞是一名大学老师，对于这种政策性征收房屋的事情比较理解，也就痛快地同意了房屋征收一事。但是，郭瑞在和政府商议征收补偿时产生了异议，他觉得自己家的房子地理位置优越，而且面积较大，政府预计给自己的补偿款却和房子较偏僻而且面积小的张琳家的补偿款是一样的，这显然是有失公平的。于是，郭瑞欲请一名律师帮自己提起行政诉讼。律师要求郭瑞出具一份载明委托权限的授权委托书，郭瑞觉得不必那么费事，彼此知道就行了。那么，郭瑞是否应该记明委托权限呢？

学法有疑

郭瑞是否应该记明委托权限呢？

法律讲堂

郭瑞是应该在授权委托书中记明委托权限的。根据我国《行政诉讼法》第一百零一条的规定，本法没有规定的，适用《民事诉讼法》的相关规定，我国《民事诉讼法》第五十九条规定，委托他人代为诉讼，必须向人民法院提交由委托人签名或者盖章的授权委托书。授权委托书必须记明委托事项和权限。授权委托书根据委托权限分为一般授权和特别授权。一般授权，是指不涉及处分被代理人实体权利和义务的代理行为，如代理起诉、应诉、参加法庭调查、提供有关证据和代为陈述、发表代理意见、代领文书等行为。特别授权，是指代理人享有处分被代理人实体权利和义务的代理行为，如代为承认、放弃、变更诉讼请求，进行和解、提起反诉或上诉等。在委托他人代为诉讼时，授权委托书是必不可少的，而在授权委托书中，代理权限必须要明确具体，不能笼统地写"全权代理""一般代理""特别授权"。如果仅写"全权代理"，就认为不具有"调解、承认、放弃、变更诉讼请求、提起反诉或上诉"的权限。

法律条文

《中华人民共和国行政诉讼法》

第一百零一条 人民法院审理行政案件，关于期间、送达、财产保全、开庭审理、调解、中止诉讼、终结诉讼、简易程序、执行等，以及人民检察院对行政案件受理、审理、裁判、执行的监督，本法没有规定的，适用《中华人民共和国民事诉讼法》的相关规定。

《中华人民共和国民事诉讼法》

第五十九条 委托他人代为诉讼，必须向人民法院提交由委托人签名或者盖章的授权委托书。

授权委托书必须记明委托事项和权限。诉讼代理人代为承认、放弃、变更诉讼请求，进行和解，提起反诉或者上诉，必须有委托人的特别授权。

……

一句话说法

委托他人代为诉讼，需要提交授权委托书。授权委托书除需要记明委托事项外，还需要记明委托权限。无论是一般授权还是特别授权，必须列出明确具体的代理权限。

80. 对征收决定不服可以提起行政诉讼吗？

案例背景

某日，A市的国土资源局张贴了一张征地公告，拟征收玉林村的土地。玉林村村民侯某家的养猪场也在征收范围之内。侯某和玉林村的村民们详细了解了征地的用途、补偿标准和安置等情况后，都觉得补偿标准不符合法律的有关规定，各户都认为将拿到的补偿费过低，遂要求国土资源局或者市政府依法调整补偿方案。可是，这一请求并未得到回复。侯某和其他村民都非常生气，认为征收决定侵犯了他们的财产权益，有的村民提议通过提起行政诉讼的方式来维权。那么，侯某及村民可以就此事提起行政诉讼吗？

学法有疑

侯某及其他村民对征收决定不服可以提起行政诉讼吗？

法律讲堂

对于本案中的情况，侯某以及其他村民是可以提起行政诉讼的。根据《行政诉讼法》第十二条第一款第（五）项的规定，人民法院受理公民、法人或者其他组织提起的行政诉讼范围包括对征收、征用决定及其补偿决定不服的情形。对于征地补偿标准，国家是有法律明文规定的。案例中政府不执行国家规定标准，侵犯了村民的合法权益，村民因此对补偿决定不服，符合行政诉讼的条件，可以向人民法院提起行政诉讼。

法律条文

《中华人民共和国行政诉讼法》

第十二条 人民法院受理公民、法人或者其他组织提起的下列诉讼：

……

（五）对征收、征用决定及其补偿决定不服的；

……

一句话说法

个人、法人或者其他组织认为国家机关作出的行政行为侵犯其合法权益时，可以向人民法院提起行政诉讼。行政诉讼有其一定的受案范围，而征收纠纷在行政诉讼的受案范围之内。

81. 房屋征收行政诉讼中的管辖法院应该如何确定呢？

案例背景

某地政府为了修建一个大型的文化宫，欲对某个老旧小区进行房屋征收。小区的居民们虽然不愿意搬离这个老地方，但是经过政府工作人员屡次做思想工作，最终也都答应了搬离。随后，政府公示了征收补偿方案，居民们看到补偿方案以后，非常不满意，因为这个与当初劝他们离开时所承诺的补偿并不一样。可是，对于居民们的这种不满情绪，政府并没有召开听证会，也没有就居民们的不满作出任何的回应，更没有变动和完善方案。对此，居民们打算提起行政诉讼，可是不知如何确定管辖法院。

学法有疑

如何确定管辖法院呢？

法律讲堂

确定管辖法院，也就是说确定应该向哪个法院提起诉讼。这是许多没有参加过诉讼的房屋被征收人的一个共同疑问。我国《行政诉讼法》第十八条第一款的规定："行政案件由最初作出行政行为的行政机关所在地人民法院管辖。经复议的案件，也可以由复议机关所在地人民法院管辖。"也就是说，就房屋征收纠纷的行政诉讼来说，应该去作出房屋征收决定的市、县（区）人民政府所在地提起诉讼，那么，在本案中，居民们可以向该市的人民法院提起行政诉讼。

法律条文

《中华人民共和国行政诉讼法》

第十八条 行政案件由最初作出行政行为的行政机关所在地人民法院管辖。经复议的案件，也可以由复议机关所在地人民法院管辖。

经最高人民法院批准,高级人民法院可以根据审判工作的实际情况,确定若干人民法院跨行政区域管辖行政案件。

一句话说法

行政诉讼案件的管辖法院是十分明确的,一般而言是由被告行政机关所在地的人民法院管辖。而该被告行政机关一般就是指作出侵犯原告利益的行政行为的机关或者复议机关。

82. 复议以后经过多久可以提起房屋征收行政诉讼？

> 行政复议后多久可以提起行政诉讼呢？

> 应在收到复议决定书十五日内提起诉讼，否则将失去胜诉权。

案例背景

某地的汽车配件行业是当地的支柱产业，为了大力发展该产业，政府决定在城郊建一个大型汽车配件交易中心。某片住宅刚好处于规划占地范围内，政府遂作出了房屋征收决定。夏女士家的房子也是此次被征收房屋之一，但是夏女士对政府作出的征收补偿安置方案并不满意。于是，夏女士申请了行政复议。可是，复议的结果却是维持原行政行为。无奈，夏女士只好寄希望于提起行政诉讼来维权。可是，朋友告诉夏女士，想诉讼就要尽快，因为如果复议以后过了一定期限就失去了胜诉的可能了。那么，复议后多久之内可提起房屋征收行政诉讼呢？

学法有疑

复议以后经过多久可以提起房屋征收行政诉讼呢？

法律讲堂

本案中，夏女士的朋友告知她，复议以后经过一定期限就失去了胜诉可能性的说法是正确的。根据我国《行政诉讼法》第四十五条的规定："公民、法人或者其他组织不服复议决定的，可以在收到复议决定书之日起十五日内向人民法院提起诉讼。复议机关逾期不作决定的，申请人可以在复议期满之日起十五日内向人民法院提起诉讼。法律另有规定的除外。"也就是说，如果夏女士因房屋征收问题想要提起行政诉讼，而且已经经过复议，就应该在收到复议决定书十五日内向法院提起，否则，将丧失胜诉权。

法律条文

《中华人民共和国行政诉讼法》

第四十五条 公民、法人或者其他组织不服复议决定的，可以在收到复议决定书之日起十五日内向人民法院提起诉讼。复议机关逾期不作决定的，申请人可以在复议期满之日起十五日内向人民法院提起诉讼。法律另有规定的除外。

一句话说法

法律规定了受到侵害的权利人行使救济权利的时效期间，诉讼时效完成之后，权利人的实体权利虽未消灭，但丧失了以国家强制力保护的权利，也就是丧失了"胜诉权"。因此，受侵害的权利人应及时行使诉讼权利，避免不当拖延招致的不利后果。

83. 原告可以在撤诉后以同一事实与理由重新起诉或上诉吗?

案例背景

某地政府实施道路拓宽工程,需要对临近街道的孙海芳家的房屋进行征收。在与政府商议房屋征收事宜时,孙海芳和政府就征收补偿事宜产生了较大的分歧。后来,孙海芳见政府迟迟未调整征收补偿方案,就向法院提起了行政诉讼。可是,孙海芳又听了朋友的劝告,打算先通过行政复议来解决,很快就撤回了起诉,但是复议结果并不理想。孙海芳又打算再次提起诉讼,可是有人说不能以同一个事实和理由多次起诉。那么,孙海芳究竟是否能再次提起诉讼呢?

学法有疑

孙海芳能再次提起诉讼吗?

法律讲堂

如果孙海芳是以房屋征收纠纷中的事项再次提起诉讼,则法院有权不予受理。但是,如果孙海芳是因不服法院准予撤诉的裁定而提起的再审申请的,则法院应该受理。这是依据《最高人民法院关于适用〈中华人民共和国行政诉讼法〉的解释》第六十条的规定,人民法院裁定准许原告撤诉后,原告以同一事实和理由重新起诉的,人民法院不予立案。准予撤诉的裁定确有错误,原告申请再审的,人民法院应当通过审判监督程序撤销原准予撤诉的裁定,重新对案件进行审理。对于下列两种情况,原告在撤诉后仍可以同一事实与理由重新起诉或上诉:(1)因诉讼费问题被视为撤诉后,原告或者上诉人在法定期限内再次起诉或上诉,并依法解决诉讼费预交问题的；(2) 上诉人自愿撤诉后，在上诉期限之内又重新上诉的。本案中，孙海芳曾以应先行申请行政复议为由申请撤回起诉，此时，法院准予撤诉，孙海芳只能就该裁定有误提起再审，不能就同一行政行为重新起诉。

法律条文

《最高人民法院关于适用〈中华人民共和国行政诉讼法〉的解释》

第六十条 人民法院裁定准许原告撤诉后，原告以同一事实和理由重新起诉的，人民法院不予立案。

准予撤诉的裁定确有错误，原告申请再审的，人民法院应当通过审判监督程序撤销原准予撤诉的裁定，重新对案件进行审理。

一句话说法

行政诉讼案件中，原告在撤诉以后不能以同一事实和理由重新起诉，但是如果原告是对人民法院所作出的准予撤诉的裁定不服或者认为其有错误的，则可以提出再审申请。

84. 在行政诉讼中，应该如何提交证据呢?

案例背景

某市要进行旧城整改，需要对平安里社区的房屋进行征收。董大强家的房屋就在征收的范围之内。决定征收房屋以后，政府公布了房屋征收补偿方案的草案，但是董大强认为该方案有失公平，遂与政府工作人员协商，要求修改此方案。后来，政府并没有采纳董大强的建议，而是根据原来的草案作出了最终的房屋征收补偿决定。董大强表示不服，准备就补偿决定向人民法院提起行政诉讼。听说起诉需要准备证据，于是他找到了国有土地使用权使用费缴纳证、国有土地转让金收款收据、国有土地使用证明书等多项证据。但是，董大强不知该如何提交这些证据。

学法有疑

董大强应该如何提交证据呢?

法律讲堂

根据《最高人民法院关于行政诉讼证据若干问题的规定》第十九条和第二十条的规定，当事人应当对其提交的证据材料分类编号，对证据材料的来源、证明对象和内容作简要说明，签名或者盖章，注明提交日期。此外，人民法院收到当事人提交的证据材料，应当出具收据，注明证据的名称、份数、页数、件数、种类等以及收到的时间，由经办人员签名或者盖章。本案中，为了使诉讼能顺利进行，董大强也应该对其所能提交的所有证据按照上述方法进行整理编排。

法律条文

《最高人民法院关于行政诉讼证据若干问题的规定》

第十九条 当事人应当对其提交的证据材料分类编号，对证材料的来源、证明对象和内容作简要说明，签名或者盖章，注明提交日期。

第二十条 人民法院收到当事人提交的证据材料，应当出具收据，注明证据的名称、份数、页数、件数、种类等以及收到的时间，由经办人员签名或者盖章。

一句话说法

为了诉讼的顺利进行，当事人在向法庭提交证据时，应该整理编排，对证据进行分门别类。对于每份证据材料，都应该详细注明名称、份数等情况，还应对证据材料的内容等作简要说明。

85. 被告逾期提交证据，会产生什么法律后果？

案例背景

某市为了提升城市基础服务承载能力，决定扩建医院、交通等配套设施，但是这样一来就涉及市第一医院周边及街道两侧的居民区的房屋征收问题。住惯了的居民都不愿意搬到其他地方，对政府的房屋征收方案极力反对。但尽管遭到居民反对，市政府仍然一意孤行，强行施工。居民无奈，将政府告上法院，诉讼开始以后政府在规定期限内没有提交证据。那么，该市政府逾期提交证据的行为，会产生什么法律后果呢？

学法有疑

被告逾期提交证据，会产生什么法律后果？

法律讲堂

在我国的行政诉讼中，应当由被告承担举证责任。也就是说，行政机关应当提供证据证明自己的行政行为合法。我国《行政诉讼法》第三十四条规定："被告对作出的行政行为负有举证责任，应当提供作出该行政行为的证据和所依据的规范性文件。被告不提供或者无正当理由逾期提供证据，视为没有相应证据。但是，被诉行政行为涉及第三人合法权益，第三人提供证据的除外。"因此，在本案中，该市政府对其行政行为的合法性负有举证责任，但是其在行政诉讼规定的期限内没有提供证据，且该证据并不属于可由第三人提供的证据，故应视为市政府没有相应证据，将承担败诉的风险。

法律条文

《中华人民共和国行政诉讼法》

第三十四条 被告对作出的行政行为负有举证责任，应当提供作出该行政行为的证据和所依据的规范性文件。

被告不提供或者无正当理由逾期提供证据，视为没有相应证据。但是，被诉行政行为涉及第三人合法权益，第三人提供证据的除外。

第六十七条 人民法院应当在立案之日起五日内，将起诉状副本发送被告。被告应当在收到起诉状副本之日起十五日内向人民法院提交作出行政行为的证据和所依据的规范性文件，并提出答辩状。人民法院应当在收到答辩状之日起五日内，将答辩状副本发送原告。

被告不提出答辩状的，不影响人民法院审理。

一句话说法

被告负主要举证责任是公平原则的体现。被告行政机关作出具体行政行为的同时，对该具体行政行为的证据最为了解，举证能力较原告强。因此，区别于"谁主张，谁举证"的民事诉讼举证规则，行政诉讼中由处于优势地位的被告行政机关承担举证责任更为合理。

86. 被告在诉讼中自行收集的证据能否作为具体行政行为合法的依据？

案例背景

某县政府为了改善工作人员的办公条件，决定拆除老旧的办公楼，新建一座政府工作大楼。按照设计规划要求，新建的办公大楼主体面积相较于以前要大幅向外拓展，这样一来就需要占用周边的一些居民房屋。县政府对外张贴了征收公告，但是被纳入征收范围的居民认为，大家一直在这里居住，不能因为县政府单方面建设行政大楼的需要就随意征收居民住宅，这是严重侵害居民利益的行为。在多次抗议无效的情况下，居民们将政府诉至法院，在诉讼进行的过程中，政府自行收集了很多证据，以此来证明房屋征收属于合法行为。那么，在诉讼中政府自行收集的证据，能够作为其具体行政行为合法的依据吗？

学法有疑

被告在诉讼中自行收集的证据能否作为具体行政行为合法的依据？

法律讲堂

在政府的具体行政行为中，政府是行政主体，而人民群众是行政相对人，处于相对弱势的地位。因此，法律为了充分保护人民群众的利益，防范政府机构利用其地位的特殊性滥用公权力，所以对于政府在行政诉讼中自行收集证据的规定十分严格。《最高人民法院关于行政诉讼证据若干问题的规定》第六十条的规定，下列证据不能作为认定被诉具体行政行为合法的依据：（一）被告及其诉讼代理人在作出具体行政行为后或者在诉讼程序中自行收集的证据……可见，依照法律的规定，本案中政府自行收集的证据不能作为其具体行政行为合法的依据。

法律条文

《最高人民法院关于行政诉讼证据若干问题的规定》

第六十条　下列证据不能作为认定被诉具体行政行为合法的依据：

（一）被告及其诉讼代理人在作出具体行政行为后或者在诉讼程序中自行收集的证据；

（二）被告在行政程序中非法剥夺公民、法人或者其他组织依法享有的陈述、申辩或者听证权利所采用的证据；

（三）原告或者第三人在诉讼程序中提供的、被告在行政程序中未作为具体行政行为依据的证据。

一句话说法

行政诉讼证据的最终目的是证明具体行政行为是否合法，以此来维护人民群众的合法利益不受公权力的非法侵害。同时必须引起注意的是，在行政诉讼过程中，被告必须承担其具体行政行为合法的法定举证责任，但是不得自行收集证据。

87. 在行政诉讼中，原告应当如何进行举证和质证？

案例背景

蔡某家有一套祖传的老四合院，但是最近，这套祖宅要被政府强制征收。蔡某一家对政府这一做法十分抵触，认为政府没有合法的依据，强制征收自己的房屋是违法的，所以一直抗拒征收行为。该县政府对于蔡某一家提出的异议并没有认真对待，相反地，却组织工作人员暴力征收，来达到自己的目的。这引起了蔡某一家人的强烈愤慨，于是蔡某用手机录下了县政府在征收过程中的诸多不法行为，以此为证据将县政府告上了法院。但是，面对手中的房屋产权证书、房地产评估机构的评估报告、政府的征收补偿方案以及工作人员暴力征收的视频等诸多证据，本来文化程度就不高的蔡某不知所措，不知道究竟应当怎样举证、质证来维护自己的合法权益。那么，在行政诉讼的过程中，蔡某究竟该如何举证和质证呢？

学法有疑

在行政诉讼中，原告应当如何进行举证和质证？

法律讲堂

举证、质证是诉讼的重要环节，在这个过程中所提出的证据对案件的审理结果有着重要的影响，《最高人民法院关于行政诉讼证据若干问题的规定》第三十九条规定："当事人应当围绕证据的关联性、合法性和真实性，针对证据有无证明效力以及证明效力大小，进行质证；经法庭准许，当事人及其代理人可以就证据问题相互发问，也可以向证人、鉴定人或者勘验人发问；当事人及其代理人相互发问，或者向证人、鉴定人、勘验人发问时，发问的内容应当与案件事实有关联，不得采用引诱、威胁、侮辱等语言或者方式。"此外，根据本法第四十条的规定可知，对书证、物证和视听资料进行质证时，除法定情形外，当事人应当出示证据的原件或者原物。蔡某如果对这些程序不了解，应当查阅相关资料和咨询专业人员，以确保在举证、质证阶段能够运用证据来证明政府的不法行政行为，来维护自己的合法权益。

法律条文

《最高人民法院关于行政诉讼证据若干问题的规定》

第三十五条 证据应当在法庭上出示，并经庭审质证。未经庭审质证的证据，不能作为定案的依据。

当事人在庭前证据交换过程中没有争议并记录在卷的证据，经审判人员在庭审中说明后，可以作为认定案件事实的依据。

第三十九条 当事人应当围绕证据的关联性、合法性和真实性，针对证据有无证明效力以及证明效力大小，进行质证。

经法庭准许，当事人及其代理人可以就证据问题相互发问，也可以向证人、鉴定人或者勘验人发问。

当事人及其代理人相互发问，或者向证人、鉴定人、勘验人发问时，发问的内容应当与案件事实有关联，不得采用引诱、威胁、侮辱等语言或者方式。

第四十条 对书证、物证和视听资料进行质证时，当事人应当出示证据的原件或者原物。但有下列情况之一的除外：

（一）出示原件或者原物确有困难并经法庭准许可以出示复制件或者复制品；

（二）原件或者原物已不存在，可以出示证明复制件、复制品与原件、原物一致的其他证据。

视听资料应当当庭播放或者显示，并由当事人进行质证。

一句话说法

举证和质证是为了通过法定要素的审核，使得法院正确认定证据的效力。未经过举证和质证的证据，不能作为认定案件事实的依据。尤其是在行政诉讼中，行政相对人作为相对弱势一方，对案件的举证和质证环节需要引起足够的重视。

88. 法院准许强制征收，损害赔偿原告要求重新鉴定，应该满足什么条件？

案例背景

某市进行城区规划建设，需要对赵某家的一处仓库进行征收。赵某表示自己的仓库处于连接周边各大市场的交通枢纽上，地理位置十分优越，如果进行征收，必然严重影响自己的经济效益，便不同意搬离。在多次沟通无效后，为了保障建设工程的顺利进行，政府决定对赵某家的仓库申请强制执行。在强制执行的过程中，赵某百般阻挠执法人员的工作，在拉扯过程中不慎跌伤。赵某将此事诉至法院，不料鉴定机关出具的鉴定意见显示赵某为轻伤，对此赵某感到不服，认为鉴定存在错误，实际上自己伤得很严重，于是申请重新鉴定。那么，法院在什么情况下，可以满足赵某重新鉴定的申请呢？

学法有疑

法院准许强制征收，损害赔偿原告要求重新鉴定，应该满足什么条件？

法律讲堂

在我国，只有满足法律规定的条件，才能申请重新鉴定。根据《最高人民法院关于行政诉讼证据若干问题的规定》第三十条的规定，当事人对人民法院委托的鉴定部门作出的鉴定结论有异议申请重新鉴定，提出证据证明存在下列情形之一的，人民法院应予准许：（一）鉴定部门或者鉴定人不具有相应的鉴定资格的；（二）鉴定程序严重违法的；（三）鉴定结论明显依据不足的；（四）经过质证不能作为证据使用的其他情形。据此，我们不难看出，本案中的赵某如果对鉴定机关出具的鉴定意见不服，要满足以上四点规定其中之一，其重新鉴定的申请方可获得批准。

法律条文

《最高人民法院关于行政诉讼证据若干问题的规定》

第三十条　当事人对人民法院委托的鉴定部门作出的鉴定结论有异议申请重新鉴定，提出证据证明存在下列情形之一的，人民法院应予准许：

（一）鉴定部门或者鉴定人不具有相应的鉴定资格的；
（二）鉴定程序严重违法的；
（三）鉴定结论明显依据不足的；
（四）经过质证不能作为证据使用的其他情形。

对有缺陷的鉴定结论，可以通过补充鉴定、重新质证或者补充质证等方式解决。

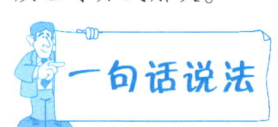

一句话说法

在行政诉讼中，存在某些专门性问题，需要运用专门知识或技能对其进行检验，方能得出科学的判断，也就是我们说的鉴定结论，属于诉讼证据的一种。在鉴定结论存在法定瑕疵的情况下，法律赋予当事人申请重新鉴定的权利，以便更好地查清案情，保护当事人的合法权益。

第 6 章 土地管理与征收问题

89. 征收哪些土地需要由国务院批准？

案例背景

为弘扬我国的传统文化，提高国家文化软实力，国家决定新建立一批文化名人故居。小刘村是历史上宋朝时期某著名学者的家乡，因此该地也被列入国家文化名人故居新建计划之中。故居新建工程需要对小刘村的二十亩普通耕地进行征收。钱二河是该村的村民，其土地也在征收范围之内。但是，钱二河就是个农民，一辈子就靠种地养活自己和家人，如果将其土地收回，他唯一的收入也就没了着落。考虑到这一弊端，钱二河提出反对征收土地的异议。他认为，这块土地是属于耕地，是需要国务院批准的。那么，钱二河的观点是否正确呢？到底哪些土地的征收需要经过国务院的批准呢？

学法有疑

征收哪些土地需要由国务院批准呢？

法律讲堂

在本案中，钱二河的观点是错误的。我国《土地管理法》第四十六条第一款、第二款规定，征收下列土地的，由国务院批准：（一）永久基本农田；（二）永久基本农田以外的耕地超过三十五公顷的；（三）其他土地超过七十公顷的。征收前款规定以外的土地的，由省、自治区、直辖市人民政府批准。也就是说，征收永久基本农田、规定数量的耕地及其他土地是需要经过国务院批准的。本案中，国家为了弘扬民族传统文化而征收二十亩普通耕地用以修建名人故居，依法并不属于国务院亲自批准的范围，钱二河的异议于法无据，应积极配合此次征收工作。当然，对于钱二河以土地收入为唯一收入这个状况，国家在征收土地时也会充分考虑到，并给与钱二河一定的物质补偿或者再为其划分其他的耕地。

法律条文

《中华人民共和国土地管理法》

第四十六条 征收下列土地的，由国务院批准：

（一）永久基本农田；

（二）永久基本农田以外的耕地超过三十五公顷的；

（三）其他土地超过七十公顷的。

征收前款规定以外的土地的，由省、自治区、直辖市人民政府批准。

征收农用地的，应当依照本法第四十四条的规定先行办理农用地转用审批。其中，经国务院批准农用地转用的，同时办理征地审批手续，不再另行办理征地审批；经省、自治区、直辖市人民政府在征地批准权限内批准农用地转用的，同时办理征地审批手续，不再另行办理征地审批，超过征地批准权限的，应当依照本条第一款的规定另行办理征地审批。

一句话说法

我国实施严格的耕地保护政策，对于关系到粮食生产安全的基本农田及较大数量的耕地、其他土地，国务院保留了征收审批权。同时，对保留审批权以外的土地，则需要由省（自治区、直辖市）级政府批准。

90. 国家征收土地的，应该由哪个部门予以公告并组织实施呢？

案例背景

为加快贫困落后地区的开发，国家决定在交通不发达地区兴建交通基础设施，打通贫困交通线。经法定程序审批，县政府发布了征收公告。佟伟所在的村子里有几户人家的土地也被划入了征收范围。最初，佟伟等人也表示对于此次征收没有异议，愿意配合征收工作的进行。但是，一次偶然的机会，佟伟等人就征收的问题展开讨论，佟伟觉得，国家征收土地的，应该由当地的政府进行公告并组织实施。可是有人觉得应该由国家派人进行组织实施。那么，到底应该由谁来进行公告并组织实施呢？

学法有疑

国家征收土地的，应该由哪个部门予以公告并组织实施呢？

法律讲堂

对于国家征收土地的，法律明确规定了公告及组织实施主体。《土地管理法》第四十七条规定："国家征收土地的，依照法定程序批准后，由县级以上地方人民政府予以公告并组织实施……拟征收土地的所有权人、使用权人应当在公告规定期限内，持不动产权属证明材料办理补偿登记……"也就是说，佟伟的观点是正确的，确实应由当地县级政府组织实施，佟伟等人应积极配合当地政府的征收工作，及时持土地权属证书等不动产权属证明材料办理补偿登记。

法律条文

《中华人民共和国土地管理法》

第四十七条 国家征收土地的,依照法定程序批准后,由县级以上地方人民政府予以公告并组织实施。

县级以上地方人民政府拟申请征收土地的,应当开展拟征收土地现状调查和社会稳定风险评估,并将征收范围、土地现状、征收目的、补偿标准、安置方式和社会保障等在拟征收土地所在的乡(镇)和村、村民小组范围内公告至少三十日,听取被征地的农村集体经济组织及其成员、村民委员会和其他利害关系人的意见。

多数被征地的农村集体经济组织成员认为征地补偿安置方案不符合法律、法规规定的,县级以上地方人民政府应当组织召开听证会,并根据法律、法规的规定和听证会情况修改方案。

拟征收土地的所有权人、使用权人应当在公告规定期限内,持不动产权属证明材料办理补偿登记。县级以上地方人民政府应当组织有关部门测算并落实有关费用,保证足额到位,与拟征收土地的所有权人、使用权人就补偿、安置等签订协议;个别确实难以达成协议的,应当在申请征收土地时如实说明。

相关前期工作完成后,县级以上地方人民政府方可申请征收土地。

一句话说法

国家征收土地的,被征收土地的权利人应该积极配合,在当地政府组织实施时,政府部门也应该严格按照国家的程序和规定进行。被征收土地的权利人也要及时办理相关的手续,以保障自己的土地权益。

91. 土地被依法征收后，国家和政府应该对权利人如何补偿呢？

案例背景

为鼓励全民参与健身，国家出台了《全民健身五年计划》，计划包括在城市修建露天广场和建造乡村活动中心。多年来，张庄村一直被评为文明生态村，村里街道宽敞、环境整洁，但唯独没有健身的设施及场所，此次计划的出台刚好弥补了这个缺陷，张庄村被列入首批乡村健身示范点。该村部分耕地被批准征收后，有关部门就着手征收补偿工作。李长林和李长久兄弟二人均是被征收人，他们不知道自己应该得到怎样的补偿。那么，政府应该对李家兄弟如何进行补偿呢？其标准又是什么呢？

学法有疑

政府应该对李家兄弟如何进行补偿呢？其标准又是什么呢？

法律讲堂

在本案中，李家兄弟作为被征收人，对于补偿标准及自己应该得到哪些补偿款不太了解。根据我国《土地管理法》第四十八条的规定，征收土地的，应当给予公平、合理的补偿，应保障被征地农民原有的生活水平不因此降低，保证其长远生计有所保障。征收耕地的补偿费用包括土地补偿费、安置补助费以及农民住宅及其他地上附着物和青苗的补偿费。征收耕地的土地补偿费、安置补助费的补偿标准由省、自治区、直辖市通过制定公布区片综合地价确定。一般应对土地原用途、土地资源条件、土地产值、土地区位、土地供求关系、人口以及经济社会发展水平等因素进行综合考虑，并至少每三年调整或者重新公布一次。征收农用地之外的其他土地、地上附着物和青苗等的补偿标准，同样由省、自治区、直辖市制定，其中，征收农民住宅的，应当按照先补偿后搬迁、居住条件有改善的原则，尊重农村村民意见，采取重新安排宅基地建房、提供安置房或货币补偿等方式给予被征收人公平合理的补偿，同时应将搬迁费、临时安置费等纳入补偿范围，保障他们的居住权和住房财产权。除此之外，县级以上人民政府还应当将被征地农民纳入相应的养老等社会保障体系。

上述条文将征收耕地的补偿费的各项内容作了详细的描述，国家也是严格按照这个标准进行土地的征收，李家兄弟可以根据当地的征收补偿标准并结合自身的实际情况进行补偿款的估量。

法律条文

《中华人民共和国土地管理法》

第四十八条 征收土地应当给予公平、合理的补偿，保障被征地农民原有生活水平不降低、长远生计有保障。

征收土地应当依法及时足额支付土地补偿费、安置补助费以及农村村民住宅、其他地上附着物和青苗等的补偿费用，并安排被征地农民的社会保障费用。

征收农用地的土地补偿费、安置补助费标准由省、自治区、直辖市通过制定公布区片综合地价确定。制定区片综合地价应当综合考虑土地原用途、土地资源条件、土地产值、土地区位、土地供求关系、人口以及经济社会发展水平等因素，并至少每三年调整或者重新公布一次。

征收农用地以外的其他土地、地上附着物和青苗等的补偿标准，由省、自治区、直辖市制定。对其中的农村村民住宅，应当按照先补偿后搬迁、居住条件有改善的原则，尊重农村村民意愿，采取重新安排宅基地建房、提供安置房或者货币补偿等方式给予公平、合理的补偿，并对因征收造成的搬迁、临时安置等费用予以补偿，保障农村村民居住的权利和合法的住房财产权益。

县级以上地方人民政府应当将被征地农民纳入相应的养老等社

会保障体系。被征地农民的社会保障费用主要用于符合条件的被征地农民的养老保险等社会保险缴费补贴。被征地农民社会保障费用的筹集、管理和使用办法,由省、自治区、直辖市制定。

一句话说法

土地是农民赖以生存和发展的基础,国家在征收农村土地的过程中,严格遵循土地补偿费、安置补助费、地上附着物和青苗的补偿费的规定标准进行征收补偿,以此来保障农民的基本生活。

92. 征地补偿安置方案是否需要进行公告？

案例背景

某地政府依托其丰富的中草药植物资源优势，大力发展医药研发行业，扩建中药研发中心。扩建过程中涉及土地征收，政府遂办理了相关的审批手续。当地的村民们也希望政府扶持本地医药行业迅速发展，让自己的腰包鼓起来，所以都表示愿意配合征收。随后，政府确定了征地补偿安置方案，可具体方案却久久未对村民们公布。有些村民向政府提出公开补偿安置方案的要求，政府却称其有权力不发布公告。那么，征收补偿安置方案是否需要进行公告呢？

学法有疑

征收补偿安置方案是否需要进行公告呢？

法律讲堂

本案中，政府的答复是错误。我国《土地管理法》第四十七条第二款规定，县级以上地方人民政府拟申请征收土地的，应当进行拟征收土地现状调查和社会稳定风险评估，并将征收范围、土地现状、征收目的、补偿标准、安置方式和社会保障等内容在拟征收土地所在的乡（镇）和村、村民小组范围内进行公告，公告期不得少于三十日。同时，前述部门应当听取被征地的农村集体经济组织及其成员、村民委员会和其他利害关系人的意见，适时对征收、安置方案进行调整。据此可知，政府在征收土地时，为了保障权利人的权益，应该及时公告补偿标准和安置方案。政府拒绝公告的行为在程序上是违法的。政府发布公告后，还应听取被征收人的意见和建议，合理完善相关方案。

法律条文

《中华人民共和国土地管理法》

第四十七条第二款 县级以上地方人民政府拟申请征收土地的,应当开展拟征收土地现状调查和社会稳定风险评估,并将征收范围、土地现状、征收目的、补偿标准、安置方式和社会保障等在拟征收土地所在的乡(镇)和村、村民小组范围内公告至少三十日,听取被征地的农村集体经济组织及其成员、村民委员会和其他利害关系人的意见。

一句话说法

政府的征地补偿安置方案关系到被征收者的切身利益,政府应该保障其知情权,及时公布相关信息,确保被征地者充分了解方案的内容。同时,政府对征地补偿安置方案进行公告也是法律规定中的必经程序。

93. 是否应当公开土地补偿费用的收支状况?

案例背景

某县政府为全面改善乡村出行条件,决定实施"村村通"工程,对小王庄至李家庄的道路进行改造。其中,小王庄河西路段弯道取直工程需要占用部分耕地,该县政府遂启动了土地征收程序。征收负责人表示要征求村民们的意见,以确定合理的补偿数额。不料,该村负责人谎称村民已确定了具体的补偿数额,后续的土地补偿费用都由自己代为管理,不需要向村民公开。村民们对此事极为不满,大家都认为自己才是这次土地征收的具体对象,补偿情况与自己的利益息息相关,理应有权知道土地补偿费用的收支和使用状况。那么,该村负责人是否应当公开土地补偿费用的收支状况呢?

学法有疑

该村负责人是否应当公开土地补偿费用的收支状况呢?

法律讲堂

每一个村民都是农村集体经济组织的一员,他们有权知道组织的经济状况,对于土地补偿费用的收支状况应当公开。根据《土地管理法》第四十九条的规定,被征地的农村集体经济组织应当将征收土地的补偿费用的收支状况向本集体经济组织的成员公布,接受监督。禁止侵占、挪用被征收土地单位的征地补偿费用和其他有关费用。由此可见,本案中,该村负责人虽然有权管理土地补偿费用,但是其拒绝公开费用收支状况的行为是违反法律规定的。在这种情况下,村民有权对此行为进行举报。

法律条文

《中华人民共和国土地管理法》

第四十九条 被征地的农村集体经济组织应当将征收土地的补

偿费用的收支状况向本集体经济组织的成员公布，接受监督。

禁止侵占、挪用被征收土地单位的征地补偿费用和其他有关费用。

一句话说法

我国实行农村集体经济所有制，农村土地归农民集体所有，相应的补偿费也就归农民集体所有，统一收支补偿费的集体经济组织只是被委托人的角色，集体经济组织成员有权监督土地征收补偿费用的收支使用情况。

94. 如何将农村用地转变为建设用地？

案例背景

某地刚好处于国务院批准的建设项目"西气东输"工程的管道线路上，在实施"西气东输"项目的过程中，天然气管道的铺设需要占用该地区的部分农田。这样一来，如果将原本的农村用地用于铺设天然气管道，就涉及转变土地性质，需办理相关手续。那么，如果想将原来的农村用地转变为建设用地，需要办理什么手续呢？

学法有疑

想将原来的农村用地转变为建设用地，需要办理什么手续呢？

法律讲堂

农村用地和建设用地有着严格的区分，不仅在土地性质上有所不同，而且在国家政策规定上有很大区别，根据我国《土地管理法》第四十四条的规定，建设占用土地，涉及农用地转为建设用地的，应当办理农用地转用审批手续。欲将永久基本农田转为建设用地的，由国务院批准。在土地利用总体规划确定的城市和村庄、集镇建设用地规模范围内，为实施该规划而需将永久基本农田以外的农用地转为建设用地的，按土地利用年度计划分批次按照国务院规定由原批准土地利用总体规划的机关或者其授权的机关批准。在已批准的农用地转用范围内，具体建设项目用地可以由市、县人民政府批准。在土地利用总体规划确定的城市和村庄、集镇建设用地规模范围外，将永久基本农田以外的农用地转为建设用地的，由国务院或者国务院授权的省、自治区、直辖市人民政府批准。该法第三十五条第一款规定，任何单位和个人不得擅自占用或改变依法划定的基本农田，国家能源、交通、水利、军事设施等重点建设项目选址确实难以避让的，涉及农用地转用或土地征收的，必须经国务院批准。上面的案例中要修建的天然气管道线路，属于国务院批准的能源重点建设项目，其中涉及农用地转为建设用地的，应由国务院批准，并依法办理农用地转用审批手续。

法律条文

《中华人民共和国土地管理法》

第三十五条第一款 永久基本农田经依法划定后，任何单位和个人不得擅自占用或者改变其用途。国家能源、交通、水利、军事设施等重点建设项目选址确实难以避让永久基本农田，涉及农用地转用或者土地征收的，必须经国务院批准。

第四十四条 建设占用土地，涉及农用地转为建设用地的，应当办理农用地转用审批手续。

永久基本农田转为建设用地的，由国务院批准。

在土地利用总体规划确定的城市和村庄、集镇建设用地规模范围内，为实施该规划而将永久基本农田以外的农用地转为建设用地的，按土地利用年度计划分批次按照国务院规定由原批准土地利用总体规划的机关或者其授权的机关批准。在已批准的农用地转用范围内，具体建设项目用地可以由市、县人民政府批准。

在土地利用总体规划确定的城市和村庄、集镇建设用地规模范围外，将永久基本农田以外的农用地转为建设用地的，由国务院或者国务院授权的省、自治区、直辖市人民政府批准。

一句话说法

农村用地是指农民集体所有和国家所有依法由农民集体使用的耕地、林地、草地以及其他用于农业的土地；而建设用地是利用土地的承载能力或建筑空间建设各项工程的土地，必须对二者进行严格区分，在土地性质转变时，按照法律规定办理相关手续。

95. 越权批准占用土地需要承担什么样的法律责任？

案例背景

张某是某林地监管站的负责人，在张某任职期间，其管辖范围内的一些村民提出占用部分林地的要求。此时张某并不太清楚村民所要求占用的土地的性质，也不确定这些土地的权利归属及是否经过相关政府登记造册等方面的情况。但张某还是作出了允许村民使用这片土地的决定，该行为属于严重的越权批准。那么，张某越权批准占用土地的做法，需要承担什么样的法律责任呢？

学法有疑

越权批准占用土地，需要承担什么样的法律责任呢？

法律讲堂

所谓越权批准占用土地是指地方政府或者其工作人员为了眼前利益、局部利益而不顾国家长远利益的行为，不仅严重危害了国家土地管理工作的进行，而且还会影响社会经济的发展。根据《土地管理法》第七十九条的规定，无权批准征收、使用土地的单位或者个人非法批准占用土地的，超越批准权限非法批准占用土地的，不按照土地利用总体规划确定的用途批准用地的，或者违反法律规定的程序批准占用、征收土地的，其批准文件无效，对非法批准征收、使用土地的直接负责的主管人员和其他直接责任人员，依法给予处分；构成犯罪的，依法追究刑事责任。非法批准、使用的土地应当收回，有关当事人拒不归还的，以非法占用土地论处。非法批准征收、使用土地，对当事人造成损失的，依法应当承担赔偿责任。由此可见，本案中的张某作为政府机关的工作人员，在不清楚土地的权利归属和土地性质的情况下，越权批准占用耕地的行为是违反国家法律规定的，要承担相应的法律责任。

法律条文

《中华人民共和国土地管理法》

第七十九条　无权批准征收、使用土地的单位或者个人非法批准占用土地的，超越批准权限非法批准占用土地的，不按照土地利用总体规划确定的用途批准用地的，或者违反法律规定的程序批准占用、征收土地的，其批准文件无效，对非法批准征收、使用土地的直接负责的主管人员和其他直接责任人员，依法给予处分；构成犯罪的，依法追究刑事责任。非法批准、使用的土地应当收回，有关当事人拒不归还的，以非法占用土地论处。

非法批准征收、使用土地，对当事人造成损失的，依法应当承担赔偿责任。

一句话说法

越权批准占用林地会造成土地资源的不合理使用，在严重的情况下，还可能给国家带来经济损失，国家机关的相关责任人员必须严格按照规定办事，增强法治观念、依法办事，以保证土地资源的合理使用。

图书在版编目（CIP）数据

房屋征收与征地补偿看图一点通/荣丽双著.—北京：中国法制出版社，2020.12

（看图学法）

ISBN 978-7-5216-1404-6

Ⅰ.①房… Ⅱ.①荣… Ⅲ.①房屋拆迁-补偿-法规-中国-图解 Ⅳ.①D922.39-64

中国版本图书馆CIP数据核字（2020）第209494号

责任编辑　杨　智　冯　运　　　　　　　　　封面设计　杨泽江

房屋征收与征地补偿看图一点通

FANGWU ZHENGSHOU YU ZHENGDI BUCHANG KAN TU YIDIANTONG

著者/荣丽双
经销/新华书店
印刷/三河市国英印务有限公司
开本/880毫米×1230毫米　32开　　　　印张/7.25　字数/135千
版次/2020年12月第1版　　　　　　　　2020年12月第1次印刷

中国法制出版社出版
书号 ISBN 978-7-5216-1404-6　　　　　　　定价：29.80元

北京西单横二条2号
邮政编码100031　　　　　　　　　　　　　传真：010-66031119
网址：http://www.zgfzs.com　　　　　　编辑部电话：010-66038703
市场营销部电话：010-66033393　　　　　邮购部电话：010-66033288

（如有印装质量问题，请与本社印务部联系调换。电话：010-66032926）